G7（フランス）メルケル首相・トランプ大統領・マクロン大統領

メルケル首相と

EUドナルド・トゥスク大統領と（中央）

トランプ大統領とホワイトハウスにて

プーチン大統領とクレムリン宮殿にて

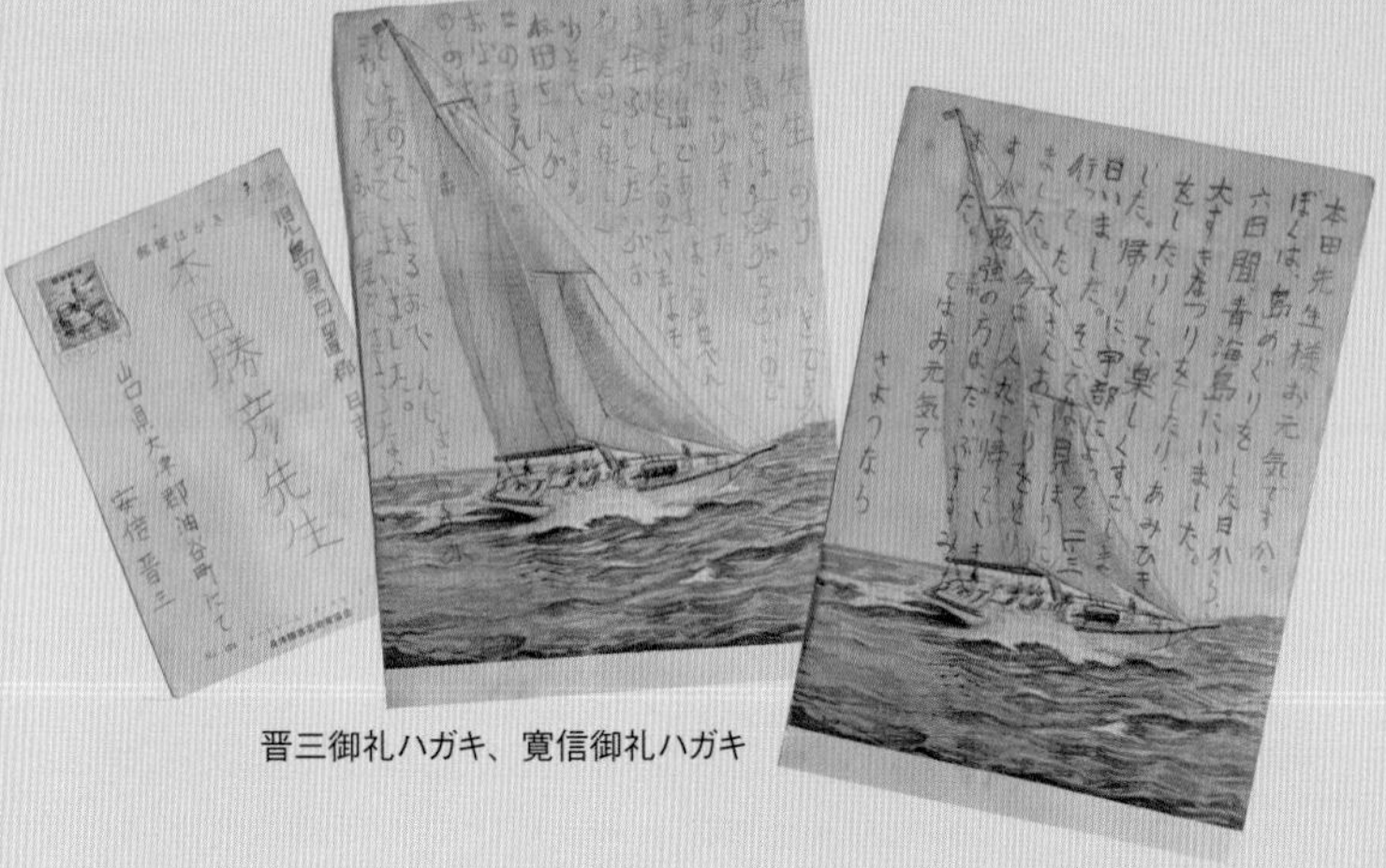

晋三御礼ハガキ、寛信御礼ハガキ

寛信・夏の学校（波佐間海岸）にて（後列右側から2番目）

晋三・成蹊小時代（前列右側）

西村正雄・晋三夫妻・安倍家油谷町墓参り

寛信・両親とお宮参り

両親と寛信・晋三、南平台にて

両親と寛信・晋三、大学時代

祖父母・晋三・南平台にて

本田先生・信夫・晋三・寛信・油谷町別邸にて

『第2章』

晋三・初当選・昭恵・母洋子と

晋三・初出馬

小泉純一郎元総理と

父・晋太郎とシュルツ元国務長官

晋三・父・晋太郎とゴルバチョフ元大統領

安倍寛・静子結婚式

安倍寛初当選

安倍寛・郷土会にて

岸信介・安倍寛同志として再会

晋太郎・小島家（ミヨ）と

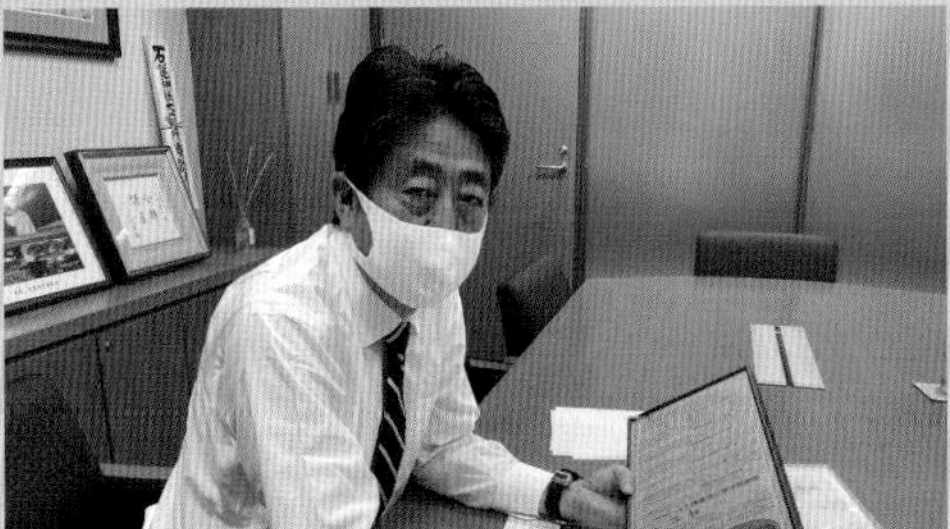

議員会館・晋三の部屋にて

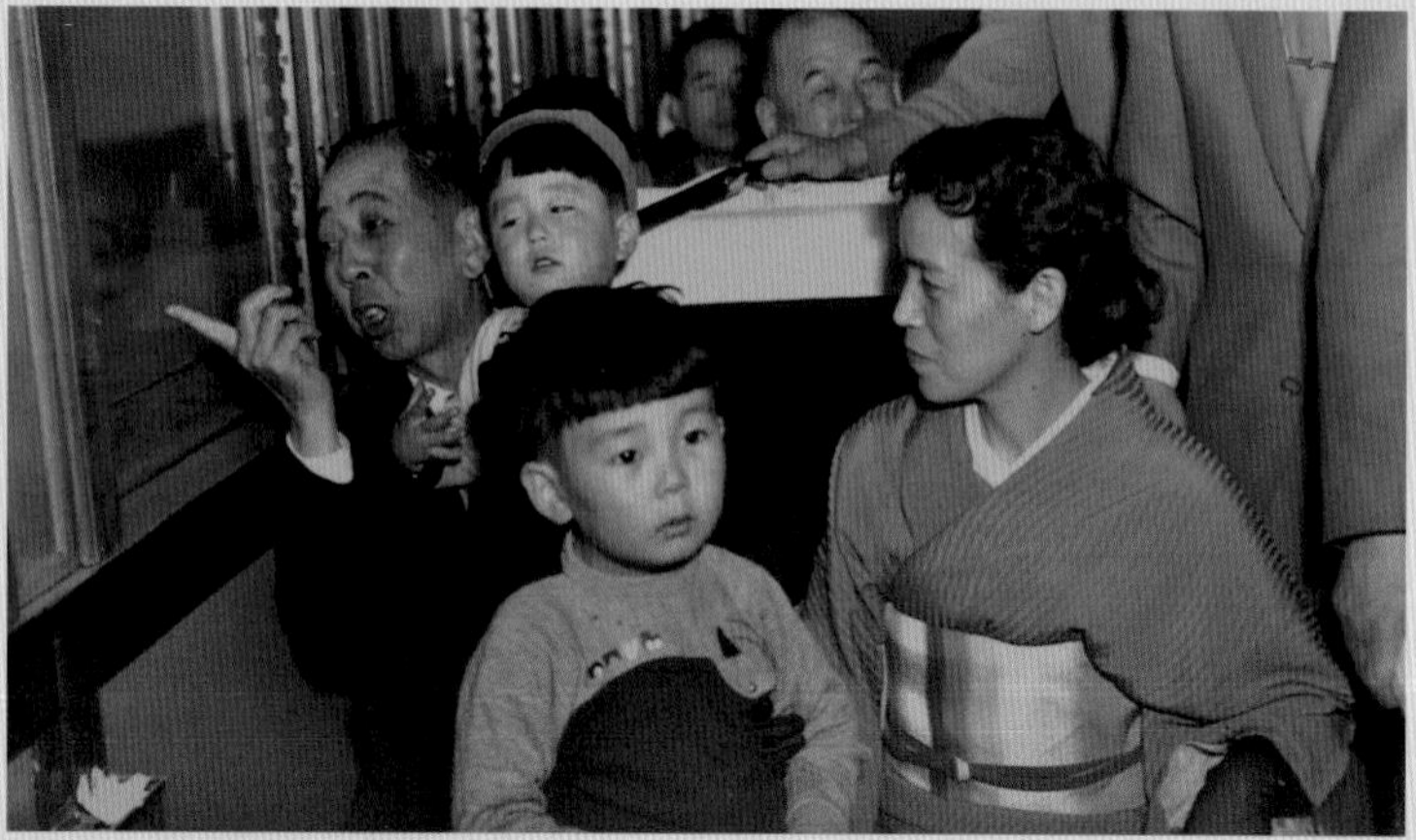

祖父母・寛信・晋三、車中にて

信夫、祖父と

寛信・晋三・信夫・岸良子・母・熱海にて

信夫一家、ポートランドの家の前

岸信夫・防衛大臣就任

寛信・ソフトボールクラブ（1列目左から5番目）

寛信・娘の誕生会・2010年7月

寛信・三菱商事パッケージン

高橋一郎・寛信・仲の神島

母洋子・喜寿の集まり

安倍家、岸家の現在

母・洋子・寛信一家、晋三夫妻宮中年賀を終えて、令和2年元旦

岸信夫一家と食事会、令和2年8月30日

令和2年9月21日、晋三、誕生日会

母・3兄弟・妻・息子・義父と 自宅富ヶ谷屋上にて

安倍家の素顔

安倍家長男が語る
家族の日常

題字　安倍洋子

目次

第4章　祖父・岸信介を語る

第5章　私の人生を生きる

はじめに

再発と辞任

平成24（2012）年12月26日、「東北の復興なくして日本の再生なし」と総理の座に返り咲いてからいったい何度、晋三がその場に立ち、日の丸に向かって敬意を表したのか。もちろん私は知るよしもありませんでした。

記者会見に臨むにあたってかならず行うその慣例は、いつもよりも長いように、感じられました。

日の丸をもう一度見やると正面に向き直り、淡々と会見をはじめました。疲労と衰弱のためか、ややややつれたように見える表情で、インフルエンザ流行期に突入するにあたってコロナウイルス蔓延に対する医療体制の備えを万全に整えたこと、北朝鮮を中心としたミサイル攻撃の脅威に対する安全保障体制を強化拡充したこと、この2点について語りました。

国民を安心させるための当面の懸案事項を話し終えると、晋三は手にした資料を閉じ込み、「ここでは、〝私の健康問題〟について触れなくてはなりません」

そう切り出したのです。

私の健康問題。つまり、高校時代に発症して以来、晋三を悩ませ、第一次安倍内閣を諦めざるをえなかった潰瘍性大腸炎の再発でした。

それにともない、晋三は大きな決断を下したのです。集大成に向かっていた総理大臣の職を辞するということでした。その日は、覚悟をもって会見に臨んだのです。大叔父・佐藤栄作が打ち立てた総理連続在職日数の記録を更新してから4日後、令和2（2020）年8月28日午後5時のことです。


「病気と治療を抱え、体力が万全でないということのなか、大切な政治判断を誤ること、結果を出せないことがあってはなりません。国民のみなさまの付託に自信をもってこたえられる状況でなくなった以上、総理大臣の地位にありつづけるべきでないと、判断しました」

私は、辞任会見を見ながら、残念な気持ちはありませんでした。「もうちょっとやればいいのに」との思いもありません。

「頑張ったね」

記者の質問一つひとつにていねいに答えようとする晋三に、そう声をかけていました。

私が〝再発〟を晋三から知らされたのは、その会見の1カ月ほど前のことだったと思います。晋三のほうから私の携帯電話に着信があったのです。

私たち兄弟は、そもそも頻繁に連絡をとりあうことはありません。そのうえ、今年は、コロナウイルスの蔓延の影響で、私は、東京・渋谷区富ヶ谷の母のもとを訪れることを避けていました。ですから、母の家の下の階に住む晋三に会う機会はありませんでしたし、もちろん年数回家族でまわるゴルフもできる状況にはありません。晋三自身、わざわざ私に電話を寄越してご機嫌うかがいをするような時間もないでしょう。ですから、晋三からの着信には、何か伝えたいことか、話したいことがあるのだ、そう思いました。

携帯電話を通して聞く晋三の声は、電波障害でもあるのではないかと勘違いするほど、ふだんとは異なりました。血筋なのか、安倍家の男たちは誰もが声のトーンが高く、どこか上ずったように話してしまいます。ですが、そのときの晋三の声は沈んでいました。晋三がまず私に伝えたい用件が終わり、たがいの近況を伝え合おうとした矢先のことです。

「ちょっと調子がよくないんだよね」、と晋三が打ち明けました。私には、そのひと言だけで、容態が悪いことはすぐにわかりました。その電話からしばらく経って、晋三のまわりが騒がしくなり、「総理を少し休ませたほうがいい」と晋三の健康を気遣う声も上がりました。マスコミも、晋三の健康問題を取り上げるようになっていました。

8月16日、私は、久しぶりに母のご機嫌うかがいに富ヶ谷の家を訪ねたのです。晋三もその日は休みで、三世帯住宅のようになっている富ヶ谷の家の2階にある自分の部屋にいたのです。その後の容態を訊くと、「あんまりよくないね」と微笑みもせずにいいました。まだ第一次安倍内閣の時のようなギリギリのところまでは追い込まれてはいないものの、日々の公務で、「根気が続かなくなってきた」「体力的にもつらいことがある」とこぼしていました。

「前回、13年前みたいに投げ出すことにならないよう、体力がまだあるときにきちんとあとを託せるようにしないといけない」

自分に言い聞かせるように繰り返しました。総理大臣の職を退く覚悟は、固まりつつある、私にはそう思えました。だからこそ、その晋三の背中を押すつもりでいったのです。

「このあと、ひょっとしたら別の薬にかえて効き目が出て総理を続けられるかもしれない。でも、そこまでして続けたほうがいいのかどうか。これまで、晋三はよくやったと僕は思うよ。もう十分やったんじゃないか」

「そうだよなぁ」

晋三は、天を仰ぐように見上げていました。

8月27日の夜8時ごろ、晋三からまた携帯電話に着信がありました。

「明日、辞任するのを決めた」と。

私は、胸が詰まるのを抑えながら「よくやった。大変だったね」とねぎらいの言葉をかけました。

辞任会見は、その21時間後のことでした。

信夫は、当日の報道で辞任表明を知りました。兄弟とはいえ政治家同士なので、守秘義務があるのは当然のことでしょう。

晋三は、自分の目指す政策を実現する内閣を維持するために、兄の私にも見せない、血のにじむような努力も重ねたはずです。ですが、それよりも大きな力となったのは、なんといっても多くの国民の方々による支持があったからです。兄としても感謝したいところです。

世界に希望をあたえる「颯爽としたリーダー」

いっぽう、晋三の辞任は、海外にも衝撃をもって受け止められました。

辞任会見から2日後に晋三と電話会談をしたアメリカのトランプ大統領は、晋三に、「もっとも親しい友人である安倍総理大臣の辞任を寂しく思う」とねぎらいの言葉をかけ、晋三のおかげで、日米関係はかつてない最良の関係になっていると功績を讃えたそうです。

その直後のツイッターにも、

「もっとも親しい友人である日本の安倍晋三総理大臣と素晴らしい会話をした。シンゾーは、日本史上、もっとも偉大な総理大臣とすぐに認められるだろう。特別な男だ！」

そう書き込んでいました。

イギリスのボリス・ジョンソン首相は「日本と世界のために偉大な業績を残した」とコメントを出し、ドイツのメルケル首相は「安倍首相は多国間主義、自由貿易、平和的紛争解決、ルールに基づく秩序の推進に向けた私たちの共通の努力において、つねに建設的信頼のおけるパートナーでありました。早期の全快と、今後のますますのご多幸をお祈り申し上げます」と公電を送ってこられました。

台湾の蔡英文総統、ロシアのプーチン大統領、インドのモディ首相、さらに、国連のグテーレス事務総長などさまざまな方から、晋三の功績を讃え、ねぎらいや、健康を気遣う言葉が送られています。

元・欧州理事会議長（欧州連合大統領）のドナルド・トゥスクさんは、ご自身だけでなく、欧州連合ＥＵ連合本部での、晋三の辞任に対する反応も話されています。

平成30（２０１８）年、日本は、ＥＵとの間で、経済連携協定、いわゆる、ＥＰＡを締結しました。トランプ政権の発足、イギリスのＥＵ離脱という「反グローバル化」の逆風のなかで、世界最大級の貿易圏を実現したのです。その意義は大きく、トゥスクさんにいわせれば、「安倍首相が自ら交渉に乗り出さなければ不可能だった」と晋三の功績を讃えています。

そのいっぽうで、「何があっても日米関係は悪化させない」との信念で、国益第一主義をとるトランプ大統領とゴルフをしながら時間をかけて個人的な関係を築き上げたこと、トランプ大統領の欧州叩きを懸念し先進7カ国（G7）首脳会議で参加者の感情を鎮め、緊張を和らげたこと、それらすべて、国際政治に大きく貢献していたと高く評価されています。

我が弟ながら、すごいことをしていたのだと、今さらながら実感しています。

おばけが怖い少年

今手もとに、50年以上前に私と晋三が書いた2葉のハガキがあります。私たちのはじめての家庭教師だった本田勝彦さん（元・JT社長）が、晋三、母親、家事を担う岡嶋慶子さん、そして私が集う席に持ってこられたのです。一葉の差出人は、たしかに私でもう一葉は晋三です。消印は、昭和39（1964）年8月22日。

私が12歳の小学校6年生で、晋三は10歳で小学校4年生のときです。

両方とも裏面は同じで、荒波に揉まれながら進むヨットのイラストが描かれています。その夏、本田さんは、郷里の鹿児島県に帰郷する途中、山口県油谷町の父・晋太郎の実家に立ち寄り、私や晋三たちと2泊3日を過ごしたのです。ふたりで、それぞれお礼のハガキを本田さんのご実家に送りました。本田さんは大切にとっていてくれたのです。仕事の合間を縫ってやってきた晋三も、「これは驚いた」と目を丸くしていました。

晋三の書いたものをご紹介しましょう。

「本田先生　おげんきですか
青み島《おうじま》では海がちかいので、毎日およげました。
青み島であさは、毎日べんきょうをしたので
いまはもう全ぶしくだいがおわったので楽しくあそべます。
本田さんがこのまえおばけのお話をしたので、よるおべんじょにいくのがこわくなってしまいました。
お元気で、さようなら」（原文のまま）

どこにでもいる小学生の素朴で素直な手紙です。

安倍家はたしかに、政治というものが身近な環境でした。特に晋三は、母方の祖父、岸信介の影響を色濃く受けていますが、もとをたどれば、勉強よりも遊ぶことが好きなわんぱくで、

おばけを怖がるふつうの子ども、それが晋三でした。

　私は釣り好きなビジネスマンです。その生き方を父も母も認めてくれました。政治家にはなりませんでしたが、安倍家の長男としての役目はきちんと果たすことを幼いころから教えられてきた気がします。

　岸家、佐藤家とも血縁がある私たち安倍家は、政治により身近な家として、さまざまな注目を浴びてしまうことはしかたないと思っています。ですが、これはさすがにどうなのかなあ、と思う記事などもあります。

　晋三が総理大臣としての大任を終えたのを区切りに、安倍家のことを、長男の立場からお話ししようと思いました。この本で、私たち家族の素顔を少しでもお伝えできれば幸いです。

第1章　安倍家を語る

祖父が勧めた成蹊小学校

今でもすぐに目に浮かぶ光景があります。長く奥まで伸びた一本道の桜並木でした。その並木道に沿うように、両脇には制服姿の上級生が並んでいました。みなさん、かなりおとなびて見えました。私は、みごとに満開を迎えた桜をときどき見上げながら、ほかの新入生に交じってその間を歩いていたのです。

昭和34（1959）年の4月、成蹊小学校の入学式での光景です。

偶然にも、成蹊小学校の入学式の光景は晋三にも強い印象があるようで、成蹊学園広報『ＳＥＩＫＥＩＪＩＮ』〔成蹊人〕のインタビュー記事で「小学校に入学した日、舞い散る桜の花びらをみんなと帽子ですくって遊びながら帰った。そんなことを今でも鮮明に覚えています」と振り返っています。

私の入学から2年後に入学した弟・晋三にとって、成蹊小学校からはじまって中学、高校、そして、大学と成蹊学園で16年間過ごしたことは、人生に大きな影響をおよぼしています。晋三は、「成蹊」の名前の由来となった「桃李不言 下自成蹊」（桃李《とうり》ものいわざれども、下おのづから蹊《こみち》を成す）を座右の銘にしています。「桃や李《すもも》は何もいわないが、美しい花や良い香りの果実を求めて人が集い、その樹木の下には自然と蹊ができる」という司馬遷の『史記』にある「李将軍列伝」の一節です。李廣将軍を「桃や李」に例えて、徳のある人には、黙っていても徳を求めて人々が集ってくるという意味です。

晋三は、これを自分なりに解釈し、このように語っています。

「人に対して威張ったり、地位を利用して従わせようとしたりするのではなく、まず自分の人格を磨くことが大事。私もまだその境地まで達していませんが、政治家としてこの成蹊の精神はずっと大切にしていきたいですね」


もちろん、成蹊学園での経験は、私にとってもとても貴重で何にも変えがたいものです。

ですが、そもそも、父・晋太郎も、母親・洋子も、はじめは私をどうしても成蹊小学校に入れたいと思っていたわけではないようです。

じつは、その2年前、私は当時港区伊皿子にあったセント・メリーズ・インターナショナル・スクール（現在は世田谷区瀬田）に入りました。両親は、国際社会で通用するおとなに育ってほしいとでも思ったのでしょうか。知人のご子息が入っている学校の評判を聞いてその方の勧めもあり、私を、全寮制で、まわりは外国の子ばかりの環境に放り込んだのです。そこで話される言葉は、もちろん、すべて英語です。わずか5歳だった私の英語力はまったく通じませんでした。授業もまったくわからない。家に帰りたくても帰れません。ただただ、私は、金曜日がくるのを待ち続けました。金曜日の授業が終われば、世田谷区代沢の家に帰れるからでした。ですが、土曜日、日曜日の2日間などはまたたく間に過ぎ、また月曜日には悪夢のような日々がはじまるのです。なんでこんな苦しい目にあわなくてはいけないのか。私は、柱にしがみつき、「行くのは嫌だ!」と泣きわめきました。駄々をこねた末に、最後はおとなの力で柱から引きはがされ、またスクールに送り込まれてしまいます。それでも、私は、月曜日の朝となると、柱にしがみつきました。

およそ半年経っても、私はその環境になじめませんでした。さすがに両親も、私にインターナショナル・スクールでの寮生活をさせるのは無理だと観念したのでしょう。ようやく私は、その寮生活から解放されました。今から思えば週末に帰宅できない全寮制であれば、諦めがついて、その環境下で育っていたのかもしれません。でもおかげさまで英語の発音は、そのときのことが基礎になったようです。

その後、両親が幼稚園を探しまわり、港区にある愛育幼稚園に1年間通いました。そして、成蹊小学校に通うことになったのです。

成蹊に通うのを勧めたのは、祖父、つまり、母親の父・岸信介です。もしかすると、もっと深い理由があったのかもしれませんが、「小学校から大学まで一貫教育だから、伸び伸びできる」というのが、成蹊学園を勧めた理由だと聞いています。

たしかに、私はセント・メリーズのときとは違い、思う存分自由に過ごせました。両親も安心したのでしょう。ですから、弟の晋三も、2年後に入学することになったわけです。

私は知らなかったのですが、晋三も、伸び伸びとしてやんちゃなことをしていたようです。さきほど紹介したインタビュー記事で、同じキャンパスのなかにある、現在理工学部の資材置き場に忍び込んでいたことを白状しています。晋三がいうには、そこにはエンジンを外した車が置いてあって、ブレーキを解除すれば、いとも簡単に動かせたというのです。今は若い世代の運転免許を取得する割合は少なくなっているといいますが、高度経済成長期のそのころ、子どもたちにとって車はあこがれの乗り物でした。晋三らはよほど楽しかったのでしょう。何度か忍び込んで遊んでいたようです。そうするうち、大学側に見つかってしまいます。

晋三は、同級生とともに、そのころ担任だった恩師の野村純三先生に素直に話すと、叱られると同時に、ほめられたというのです。

「人は失敗や過ちを起こす。でも、その後が大事だ。お前たちは正直だった」

晋三は、さらに野村先生が口癖のように晋三ら生徒に語っていた言葉を紹介しています。

「君たちは一人ひとりがスターだ。それぞれがかならず、輝くものを持っている」

厳しく温かく、自分のことを見て考えてくれている。晋三はそう感じ、野村先生に安心感をおぼえていたようです。卒業後も交流を重ね、できる限り「先生を囲む会」に出席していました。

体力的、精神的に鍛え上げられた夏合宿

私が成蹊小学校といって思い出すのは、なんといっても水泳です。これは、おそらく晋三も同じでしょう。成蹊学園では小学校に入学したころから水泳を厳しく教え込まれ、小学4年生から中学1年生で海の学校がありました。館山市波佐間海水浴場で合宿をしていました。※夏の学校については、現在は6年生が岩井海岸にて遠泳を行っています。

波がおだやかで、水質がよく、砂浜が広く遠浅なところです。

それぞれ同時期に行きましたが別の浜で数日訓練し、4年生は樽周りをして200メートル・400メートルを泳ぎます。

そして、遠泳に挑むのです。5年生では1000メートル、6年生、中学1年生は、なんと3000メートル。小学生でなくとも泳ぎ切ることが大変な距離を、内海とはいえ、波の立つ海で泳ぐのです。

隊列を組んでみなで声を掛け合いながら泳いで、足がつきそうなところまで来るともうへとへとに。ですから、先生方もしっかり指導してくれます。「浅瀬に来ても、お腹がつくくらいになるまで立ってはいけない」と。実際に、先生にいわれたようにお腹がつくくらいの浅瀬まで泳いで来て立ち上がろうとしたとき、フラフラとしてまともに歩けなかったのです。先生に

注意された意味がわかりました。もしも足が立つようなところまで来たと油断して早目に立つと、その瞬間、足がガクッと折れて水を飲んでしまったり、ひとつ間違えれば、溺れてしまうかもしれないからです。

そのような体力を使い果たしたときに渡されたのが、砂糖入りのお湯でした。その味はいまだに忘れられません。ただの砂糖湯なのに、甘味が体中に染み渡っていくと同時に、冷え切ったからだに温もりが広がっていきました。もちろん晋三も、私と同じ体験をしたことでしょう。さきに紹介した野村先生が、「パフォーマンスはあまりしなかったが、黙々と励み、最後はちゃんと3000メートルを泳ぎ切った」と、『ドキュメント安倍晋三』（野上忠興著）のなかで証言しています。そういえば、晋三がはじめて総理大臣になった直後の写真誌に、ふんどし姿で夏合宿に参加する晋三の写真が掲載されていました。

成蹊というと、ぬくぬくと育てられるイメージを抱く方が多いようですが、このような水泳の教練などを通じて肉体的にも精神的にも鍛えあげられました。

父との触れ合いにあこがれる

一度、祖父の岸信介が、成蹊小学校にやってきたことがありました。運動会の日でしたが、私にしろ弟にしろ、表立って自分たちの祖父が岸信介であることを口にしたことはありませんでした。子ども心に、祖父や父に迷惑をかけてはいけないという思いがあったのです。私の場合にはとにかく、友達から特別視されたくありませんでした。「政治家の息子だなんて絶対に口にすまい」と徹底していました。ですが、このことで、父が政治家の安倍晋太郎ということもふくめて、家のことが知れ渡りました。

これを機に同級生との間で何かが変わったことはありませんでしたが、私自身は、同級生と話したり接したりしていて、うちとは違うなあ……と思うことも多くありました。

「お父さんとどこに行った」

「お父さんと、こんな話をした」

同級生たちと話していると〝父親〟と楽しく過ごした話をよく耳にしました。それに対して、自分には、同級生に話せるだけの〝父〟の話がありませんでした。

夏休みや春休みに、父に連れられてどこかに出かけたという記憶はありません。祖父・岸信介に連れられて、熱海にある祖父の別荘や、箱根にある旅館「奈良屋」に行ったこともありました。そのときにも、父は一緒ではなかったと思います。

私たち兄弟には、父と触れ合ったり、話したりする時間などほとんどありませんでした。むしろ、父が家にいるとびっくりしました。父親参観に顔を出したことも、数回もあったでしょうか。ですから、同級生たちのことがとてもうらやましく感じたものです。

晋三もまた、私と同じように「ふつうの家」にあこがれていたようです。友達の家に遊びに行って、その友達や家族が父親と楽しそうに話したり、仲良くしたりしているのを見て、「いいな」と思っていたそうです。そのような寂しさがあったからこそよけいに、自分たちを温かく見守る野村先生の言葉が晋三の胸に響いたのかもしれません。

父、ゼロからの出馬

昭和26（1951）年5月5日、父は母と結婚しました。ふたりは、前年の6月に南平台のレストランで見合いをしています。祖父は母の結婚相手に相応しい人物として新聞記者を探していて、偶然にも父の毎日新聞記者の先輩である長坂慶一さんが推薦したそうです。

毎日新聞「ニューリーダー18」（1986年2月21日）によると祖父・岸信介は、祖父・安倍寛と知り合いでした。

岸は昭和14年10月、商工大臣となるが、このとき、安倍寛は代議士。その後、岸の商工大臣時代に、安倍寛は商工委員だった。昭和17年4月の翼賛選挙では、岸は商工大臣で、「推薦候補」、安倍は「非推薦候補」だから、立場は別だった。が、19年7月、国務大臣軍需次官の岸は、東條首相と閣内で対立。結局、総辞職に追い込んだ。20年春、山口にもどった岸は、「防長尊攘同志会」をつくって県下を演説してまわった。この折は、日置《へきそん》村の安倍宅も訪ねている。（中略）洋子の結婚のころは、なお追放中で、政治活動はしていない。追放解除は27年4月である。（中略）結婚式に、晋太郎の親がわりで出席したのは、周東英雄である。

『安倍晋太郎　輝かしき政治生涯』で、「岸信介、安倍寛、同志として再会」と記してあり、16人集合の正面中央にふたりが並んでいる写真があります。

昭和31（1956）年12月14日、自由民主党総裁選挙が行われました。毎日新聞「女性たちが語る」（1994年4月24日新編戦後政治）で母・洋子が話していますが、鳩山内閣の後継を決めるため、石井光次郎、石橋湛山両先生と祖父の3人が名乗りをあげました。

「初めの投票の時、父は一位でしたけれども、過半数じゃないということで、決戦投票になり、石井・石橋連合の石橋先生に七票差で敗れました。その様子はテレビで放送されたのですが、あの時ほど真剣に、それこそ家中が食い入るように見たのは初めてでしたね。（中略）父はあまりこだわりのない淡々とした様子で帰宅したのでほっとしたものでした」

じつは、私や晋三が小学校に通っているころ、父は正念場にいたのです。ですから、私たちと過ごす暇《いとま》はほとんどありませんでした。

昭和31（1956）年12月、父は東京大学を卒業後に新聞記者として7年間勤めていた毎日新聞社を退社します。驚くほどの情報量と、同僚が近くにいるのが嫌になるほど早い執筆速度を誇る記者で、下山定則国鉄総裁がバラバラ死体で見つかった下山事件や、日ソ国交回復などを担当したそうです。

そして父・晋太郎は、祖父の岸信介から命じられ外務大臣秘書官となります。父の話では、「秘書官になれ」と祖父が外務大臣となったその日にいわれ、たった1日で毎日新聞社を辞めたそうです。

その2カ月後の昭和32（1957）年2月には、総理大臣の石橋湛山が病を理由に辞任したため、引き継ぐ形で岸信介が総理大臣となります。父は、いきなり総理大臣秘書官を務めることなりました。大正13（1924）年生まれの父が33歳、私が5歳、晋三は3歳になる年のことでした。のちに三菱商事の先輩となる山田禎二さんの話では、そのころの私は、四つん這いになった晋三を馬に見立ててまたがり、侍か西部劇のヒーローよろしく、はしゃいでいたそうです。

さて、父は総理大臣秘書官となったそのころ、「次の選挙に打って出る」と密かに決意を固めていたようです。その理由は、晋太郎の父・安倍寛の地盤を引き継いでいた周東英雄さんへの怒りにあったといいます。寛の地盤は、寛が亡くなった当初、寛のいとこにあたる木村節子さんの夫で医者をしていた木村義雄さんが継いで衆議院議員となりました。ところが、木村義雄さんは翼賛会の地元の世話役を押しつけられたのに公職追放で辞めざるを得ず、周東さんに安倍寛の地盤を引き継いだのです。にもかかわらず、前述の自民党総裁選で、安倍家と縁のある岸信介ではなく、対抗馬である石橋湛山に票を投じました。晋太郎としてはそれが許せなかったというのです。

出馬の決意を、父は、ぎりぎりまで、妻の洋子にも話さず、岸信介にも相談ひとつしなかったようです。父が決意を打ち明けたときには誰もが驚いたとともに、父の出馬に反対しました。

「まだ早すぎる」。それがおおかたの理由でした。岸の弟でのちに総理大臣となる佐藤栄作さんも加わって翻意をうながしたのですが、父の決意は変わりませんでした。それどころか、

「反対されたら離婚してでも出る」

政界の大物ふたりとの縁を断ち切ってまでも出る。そこまで言い切ったのです。剣道4段の腕を持ち高校時代には負け知らずで「剣道は絶対に面で勝たなくてはダメだ」とその極意を語った父らしく、政界の大物ふたりに真正面から打ち込んだのです。さすがに祖父も認めざるを得ませんでした。

そこまでして総選挙への出馬を決めたのです。晋太郎は、落選することは許されませんでした。

ですが、地盤も何もない、ゼロからの出馬でした。その当時は中選挙区制ですから、山口県1区の定員は4名。そこに、自民党だけで、周東さんのほかに、田中龍夫、吉武恵一といった大臣経験者たちが立ち並び、そのうえ、野党勢力が議席を狙っていました。

かつて晋太郎の父・安倍寛が築きあげた地盤は、すでに安倍寛から地盤を引き継いだ周東さんがしっかりと自分のものとして固めていました。安倍寛を支援するために結成された「北斗会」という組織も、周東さんの支持を明らかにしていました。そもそもは、いずれは父・晋太

郎に譲るという約束で周東さんは出馬したのですが、そのころには農林水産大臣も経験し自民党にもなくてはならない存在になっていました。立場的にも、晋太郎に地盤を引き渡すわけにはいかなかったのでしょう。

晋太郎は、地元の有力者からの支持も受けられそうにありませんでした。この状況を覆すには、選挙区をまわり、一人ひとりと顔を合わせてお願いするしかありません。ですが、父・晋太郎には、総理秘書官の職務があります。地元に張り付いているわけにはいきません。地元まわりができるのはせいぜい土曜日、日曜日の週末だけ。そこで、父の代わりに支持を仰いでまわったのが、父よりも4歳年下の妻・洋子でした。いうまでもなく、私たちの母親です。総理大臣となる岸信介の長女として生まれた洋子は、幼いときから政治の場面に直面し、日本のために一身を投げ打つ父の姿を見て育ちました。夫の晋太郎とともに父の選挙応援に駆り出され、演説もした経験がありました。

今度は夫を当選させるために大票田である下関市をはじめ山口1区に入り、あいさつまわりからはじめたのです。そのときは、安倍家にいた遠縁にあたる久保ウメさんと一緒でした。

四歩の選挙活動

地元では、晋太郎の父・安倍寛の名を伝えても、ピンとこない有権者が増えていました。同行してくれる支援者が「安倍晋太郎の奥様は、岸総理のお嬢さんです」と紹介してはじめて納得してもらえることのほうが多かったといいます。

母・洋子は、1日に60軒から80軒をまわったのだそうです。それだけまわるとなると、それにはそれなりの要領が必要だったらしく、母親は、「四歩であいさつをすませたの」と教えてくれました。つまり、一足目で玄関に入って、二足目であいさつをし、三足目で下がって、四足目で片足が玄関の外に出ている。しかも、その四歩の間に、安倍晋太郎の印象を植え付けなくてはいけないのでした。

父とともにトラックの荷台に乗り込み、選挙区をまわることもありました。しっかり掴まっていないと振り落とされてしまうような舗装されていないガタガタ道を走りながら支援を呼びかけ、頭を下げました。後援会の人からは、

「奥様、それでは頭が高いですよ」

そういわれ、トラックから落ちてしまうのではないかというほど深々と頭を下げたそうです。

父が立候補の意志を表明してから当選するまでのほぼ1年の間、母は、ほとんど地元に張り付いていました。世田谷区の代沢にあった家に帰ってくるのは、1週間から10日に一度。それも、1日2日といるとあわただしく出ていきました。「選挙がいかに大変なものかをつくづくと感じた」と母は回想していますが、赤ん坊のオムツがかけてある玄関先ののれんをくぐるように入っていき、支持をお願いしました。本当に疲れると呂律がまわらなくなることも体験したといいます。暑い時期には、皮が剥けた顔で家に帰ってきたこともありました。1日中まわって日に焼けすぎてしまったのです。あまりにも疲れてトラックの上でうとうとしてしまい、ハッと目をさましたときに田圃にいた人影に「お願いします」と手を振ったら、それは案山子だったということもあったそうです。

そのような母の奮闘や、父母にとって「戦友」であり、私たち兄弟にとっては教育係ともいえるウメさん、さらには、父を支援する青年たちで結成した「長州青年同志会」をはじめ、さまざまな支援者たちのおかげで、父は昭和33(1958)年の総選挙では第2位で当選しました。わずかながらも、周東さんを上回る票を獲得したのでした。戦中に反戦を叫んだ反骨の政治家・安倍寛を父に持ち、岳父に岸信介、叔父は佐藤栄作という華々しい家系を持つ安倍を、マスコミをはじめとしたまわりの関係者は「政界のプリンス」ともてはやしました。もちろん、その呼び名には、揶揄の声もふくまれていました。

しかし、父にも油断があったのでしょう。3選目を賭けた昭和38（1963）年の総選挙では落選してしまったのです。思いもかけないことになりました。

父の落選した選挙から次の選挙までの期間が長く、その間、父は選挙区での支持を広げ地盤を固めるために奔走していました。

母は、その当時総理大臣であった伯父の佐藤栄作と顔を合わせると、冗談まじりで訊いていたそうです。

「もうそろそろ解散しないの？」

それが、私たちが小学生活を送っているころのことで、父が政界に復帰するのは昭和42（1967）年1月の総選挙のことです。私が中学2年生、晋三が小学6年生のときのことでした。

そのときに晋三にまつわるエピソードがあります。さきほどお話しした野村先生が授業をはじめようとしたとき、ひとりの生徒が立ち上がったのだといいます。

「先生、テレビつけてくれませんか」

その日は、総選挙の開票日でした。

「今日は、晋ちゃんのお父さんが当選するかしないかの日ですから、みんなでそれを見たいんです」

これもさきほどお話しましたが、晋三も私も、自分の父のことはなるべく話さないようにしていました。おそらく、このとき、晋三も、父親のことを心配しながらも、そのような顔ひとつ見せず、同級生たちに話してもいなかったでしょう。同級生たちも、じつは晋三の気持ちを察していて、野村先生にお願いしたのです。テレビをつけたとき、ちょうど父の当選が決まったことが流されたところだったそうです。クラス中が「やったーっ!」と声をあげ、拍手を送ってくれたということです。

"信"を突き通す弟

父親はほぼ不在、母親も東京と地元を行き来している。そのような状況でした。母からは「自分でできることは自分でやるように」とか「あまり贅沢はしないように」とかいわれました。そのほかで、勉強のことなどはいわれた記憶はありません。放任といえば放任です。ですから、母親は子育てについては「育てたというよりも育っちゃったという感じです」と話していました。今振り返れば、私がインターナショナル・スクールに預けられたのも、母親や父親がなかなか面倒を見ることができないから、という考えがあったのかもしれません。

幼いころの私たち兄弟は、近所の知り合いや親戚に預けられることもありました。私が小学6年生ころまでは、夏休みの1カ月間はほとんど山口県で過ごしました。瀬戸内の熊毛郡田布施町にある岸家の実家は方角が異なりますが、たまに行っていました。1カ所にずっと留まるのではなく、現在の地名でいうと、長門市の北部にある青海島《おおみじま》、長門市の油谷蔵小田渡場《ゆやくらおだわたしば》にある私たちの実家、それから、宇部市の三隅家です。青海島では、私たちは毎回一緒ではなく、私はおもに東京でお世話になっている上利《あがり》君子さんの大日比のご実家に、弟の晋三はおもに母・洋子の生け花の先生だった池田志都子さんの大泊のご実家に、それぞれお世話になっていました。宇部市の三隅家というのは、母・洋子の兄・岸信和の妻、私たちには伯母にあたる岸仲子さんの妹・信子さんの嫁ぎ先でした。先々代の三隅順輔さんは、第11代、12代（昭和26年4月23日〜34年4月30日）の宇部市長でした。三隅家の子供の智輔さんや、やゑさんは少し年上でしたが、油谷の別邸や青海島で泳いだり、志賀高原などにスキーに行ったりして一緒に遊んでいました。そういうときは信夫も一緒でした。

そのころ遊んでくれた、油谷町に住む遠縁の小島洋二さんの妹である植田ます子さんの話では、私はどうものんびりやさんだったようです。庭で鬼ごっこをしてもすぐに掴まるし、かくれんぼをすればすぐに見つかる。それに対して、晋三は活発で庭中を走りまわっていたそうです。スイカづくりが上手だったます子さんの母・里江さんがつくった、井戸で冷やしたスイカを、晋三がむしゃむしゃと食べていたことをよく覚えていらっしゃいました。

近所に住む子どもたちとも一緒に、川で泳いだり、海で泳いだり、田んぼで遊びまわりました。〝海上アルプス〟と呼ばれる青海島の海では、君子さんのお兄さんに舟の櫓の漕ぎ方を教わったり、地元の子が浜から小舟を出して、海岸ではなくいきなり深くなっているところに飛び込んで泳ぎまわったりしたものです。それは、東京ではとても体験できることではありません。「東京に帰ると、まわりの子たちがひ弱に見えた」と晋三は思い出して話していました。

晋三のことでいえば、ひとつ思い出すことがあります。おそらく、私が小学校に入って間もないころのことです。夏休み、父の故郷山口に帰るとき、晋三と一緒に東京駅から寝台列車に乗り込みました。下りる駅には迎えの人が来てくれる段取りにはなっていましたが、それまではふたりきりです。ですから、兄としては、下りるまでは弟を守らないといけないと責任を感じていました。

東京駅を出てどれくらい経ったころでしょうか。

「弟さん、帰ってこないわね」

隣に座っていた女性にいわれて気づきました。晋三がトイレに立ったまま帰ってこないのです。

どこに行ってしまったのだろう。

落ち着いて考えれば、途中下車するわけはないので晋三はどこかの車両にはかならずいるのはわかるはずなのですが、小学生だった私にはそこまで考えが至りませんでした。探しまわると、晋三は、私たちの席から少し離れたところをうろうろしていました。席がわからなくなって、先のほうまで行ってしまったらしいのです。ですが、あわてていた私と違って、当の弟はまったく動じず飄々としていました。そのころから腹の座ったところが晋三にはありました。

晋三とは、幼いころには取っ組み合いのけんかもずいぶんしました。ふだんの晋三は、私のいうことをよく聞いてくれて、兄の私を立ててくれます。反抗したり、対抗したりということはあまりありませんでした。ですが、本当に大したことではないのですが、例えば、手が当たった、足が当たったといったことでけんかがはじまります。

幼稚園のころだったでしょうか、障子を突き破るほど大暴れしたことがあります。そのとき、ちょっとしたはずみで晋三が柱の角に頭をぶつけてしまいました。額が切れて血が出るほど派手にやったこともあります。そのときもっとも血相を変えたのは、たまたま家にいた、父・晋太郎でした。晋三を抱えて病院に駆け込み、「命に別状はありませんか」とお医者さんに詰め寄って、お医者さんにあきれられたということです。

私たちが取っ組み合いのけんかをしたのは小学校の低学年くらいまでだったと思います。成長するにつれて、ケンカをするとおたがいにダメージを負うこともわかってきます。障子だけでなく、ほかのものも壊して怒られてしまいます。そういうこともわかり、ある程度、我慢することも覚えたのでしょう。

ただ、晋三にはもともと秘めた強さがあって、それがときどき噴き出すことがありました。小学校5年生のときでしょうか、遊びに来ていた私の同級生が、誤って晋三のおもちゃを壊してしまったことがありました。すると、晋三は、びっくりするくらいの剣幕でその同級生に食ってかかったのです。


晋三は、父・晋太郎に怒られても、どんなに怒鳴られてもそう簡単に謝ることはしませんでした。あるときなど、怒られても、じっと黙り込んだままでいました。1時間が過ぎても2時間が過ぎても黙り続けました。

「お前は、しぶとい」

痺れを切らしたのは、父のほうでした。

何かで両親と言い争いになって、叱られたときには行方不明になったこともありました。半

日ほど姿が見えなくなり
「晋ちゃんは、どうした」

と家中が大騒ぎになりました。結局、応接間のソファの後ろに隠れていました。

母・洋子は、出かけるとき、晋三には「今日はこういう理由で出かけるから」と伝えていました。私は、家に帰って母がいなくても、「また山口にでも行ったんだな」くらいに受け止めていましたが、晋三はそういうわけにはいかなかったのです。何も聞いていないで、晋三が帰ったときに母が不在にしていると「今朝、何もいわなかったじゃないか」と怒りました。きちんと説明すればおさまるのですが、自分で納得いかないとおさまらないところが晋三にはありました。

母は、のちに晋三の人物像について訊かれると、こう語っていました。

「政策は祖父・岸信介で、性格は父・安倍晋太郎ですね」

そういえば、何事も率直に話すところなどは、晋三は父によく似ています。

私たちの教育係

私たちの養育や日ごろの面倒はウメさんが見てくれて、家庭教師の先生が来ることもありました。

南平台の祖父・岸信介の家の庭には少し深い池があり、ある日ウメさんは、私を傍らに置いて、池の近くで本を読んでいました。すると突然、大きな石が投げ込まれるようなジャボーンという音がしました。5歳くらいだった晋三が、いきなり池に落ちたのです。ウメさんが「こっちは深いから来てはダメよ」といっても、弟は彼女のほうに近寄ろうと水のなかでバタバタともがいていきます。ちょうど庭師がいて助けてくれたのでことなきを得ましたが、引き上げられたあとも晋三は、自分が悪いと思ったからなのか、キョトンとするばかり。私のほうが心配してワンワン泣いてしまいました。弟はウメさんと過ごす時間も長かったので、わりと強く育ったのでしょう。彼女はこのときに、「なんて芯の強い子だ」と驚いたそうです。

このエピソードでもわかる通り、私は弟に比べ、長男っぽいというのか、少しおとなしいところがあったようです。ウメさんも私のことは、「おっとりした、もの静かな子どもだった」と振り返っています。父・晋太郎がはじめて選挙に出たころは、ちょうど私は5歳くらいでした。物心がつくそれくらいの時期まで母に育てられた私は、岸家にとっても安倍家にとっても初孫だったこともあり、少し甘やかされて育った部分はあるのかもしれません。彼女にいわせれば、「何もかも僕のものという感覚があった」そうです。

久保ウメさんは、山口県大津郡油谷町（現在・長門市油谷蔵小田渡場）にある父の実家から10分ほどの場所で生まれました。祖父や父だけでなく、晋太郎の父・寛とも交流があり、寛からもかわいがられたそうです。「上京のたびに、当時珍しかった生のパイナップルなどお土産を持ってきてくれた」といいます。久保家の一番下の妹郁子さんによると久保家は、毛利藩の本陣をつとめた大庄屋で、男4人女4人の8人きょうだいで、ウメさんは長女でした。

彼女は幼少の一時期、弟の昭と一緒に大叔父の井上正一《せいいち》の麹町の家で暮らしていました。井上家に跡取りがいないので、昭を養子にすることに。その付き添いでウメさんも一緒に東京に行ったのです。東京の御三家と呼ばれ、優秀な子女たちが集まっていた名門の「麹町小学校」に通っています。弟が田舎に帰りたいと言い出し、1年ほどしてふたりで実家に帰りました。その後の彼女の佇まいから感じられた気品や都会的な雰囲気は、この時代にルーツを求めることができるのかもしれません。山口県立深川女学校で学びましたが、ここで岸信介の長男・信和の妻となる私たちの伯母・仲子（元・衆議院議員、田辺譲の長女）と同窓だったことが、彼女の運命を変え、安倍・岸家と深い関わりを結ぶ機縁となりました。

信和が東京に転勤し、仲子さんとウメさんは親しかったし、昔の東京のいい思い出もあったので上京し証券会社で働いていました。大正14（1925）年8月生まれなので、ウメさんが31歳のときです。しばらくして仲子から、「筆も立つし、義父（岸信介）の仕事を手伝わない」と申し出があり、岸家に勤めることになりました。1956年は、祖父が7票差で自民党総裁選に逆転負けした年です。石橋湛山内閣で外務大臣を務めていましたが、石橋総理が就任直後に病気になったことで、翌1957年に首相に就いたちょうどその時期でした。はじめは南平台の私邸に通っていましたが、すぐに住み込みで陳述書類の整理や代筆などの事務的な雑務をこなすようになりました。

そのころ、私の両親も六本木の自宅を引き払い、岸邸内に転居していました。岸家を切り盛りしていたウメさんと、父・晋太郎や母・洋子とは毎日のように顔を合わせ、すぐに気心の知れた仲となっていきました。ほどなくして、多忙な両親に代わり、私と晋三の養育を任されるようになったというわけです。私は5歳、弟は2歳でした。彼女は女学校を出て正明市《しょうみょういち》にある幼稚園の先生をしていました。そのような経歴もあって、両親は安心して私たちの教育係を任せたのでしょう。

女傑といわれるほど腹が座っているうえに、頭もいい。母・洋子の秘書役として、選挙活動のみならず、子育てまでサポートしていました。私たちが幼いころのオムツの交換や、幼稚園の送り迎えなどもしてくれていました。

安倍家を背負う、せっかちな父

かつて私の家に一時期居候していたことがあり、私が勤めていた三菱商事の先輩でもある山田禎二さんが、父のこんな一面を話してくれたことがありました。世田谷区代沢の安倍家に泥棒が入ったときの話です。玄関先にかけてあったコートを取って逃げようとしたのです。その寸前に家の者が見つけて、何も取られずにすみました。

そのことを、山田さんが父に話すと、父はこう言ったといいます。

「いいじゃないか、コートのひとつやふたつ。それで彼も助かるんだから。何も追い返すことはなかった」

おおらかで、清廉潔白だったといいます。

父は、誰かから献金を受けたときには「これは、きれいな金か？」と大声でいつも確認していました。出所がはっきりしないお金は受け取らなかったそうです。それだから、というのもおかしな話ですが、我が家はいつもお金に困っていました。だからといって、母・洋子としては、父のポケットを空のままにしておくわけにはいきません。そのころの政治は何かと物入りでした。母は、父の財布にはいくら使っても充分なお金をつねに用意していました。足りない分は、南平台に住む祖父に頭を下げて借りてきていたらしいのです。

ただ、岸のおじいさんから借金したことがわかると、父は声をあげたそうです。

「何やっているんだ、また南平台に行って借りてきたのか！」

健康を気遣って漢方薬などを母が勧めて本人も「飲んでみようか」と飲みはじめますが、「今日は飲まれましたか」といちいち聞くと、

「もう、面倒くさい」

と止めてしまう。母は、父が自分からするようにうまく仕向けていたみたいです。

ただ、母から見ると、父は率直なのでよけいな気を使うことはなかったようです。その代わり、思ったことはずけずけといいます。何か頼みに来た人にやんわり断ることはできず、

「そんなことはできない」

「できるわけがないじゃないか」

といった物言いをします。

そのことを母が指摘すると、

「どうせダメなことは、はじめからはっきりいったほうが親切なんだ」

当たり前のようにいっていたそうです。そのように率直でずけずけとものをいう性分は、晋

三が受け継いでいます。

父は、その容貌から、のんびりした性格のように見られがちですが、じつは、せっかちで短気でもありました。例えば、風呂に入ったときに、母の洋子が少し着替えを出すタイミングが遅れたら裸のまま出てくる。たった5分も経たないうちに、です。食事も、出てくるとあっという間にたいらげてしまいました。「海軍では早食いでなかったらいけなかったんだ」とか「選挙で地元まわりをしていたら早食いでないといけない」とか、本人はいっていました。

大変だったのはまわりでお世話をしてくださる方々です。のちの話ですが、大臣時代の運転手さんが父と一緒の席で食事をしたときの話です。当然、父に、先に食事が出ます。父はいつものごとく早食いで食事をすませてしまいます。運転手さんが、父よりも遅れてきた食事を食べていると、父は「ゆっくり食べなさい」と声はかけるのです。それは家でも同じで、自分が食事を早くすませてもすぐに席を立つことはありませんでした。世間話などをして待ってくれていました。私たち子どもは一緒に食べていてもそれでもいいのですが、運転手さんは、気が気でなかったでしょう。しかも、口ではそういいながらも、指先はテーブルをコツコツと叩いたそうです。気短なそのような父の話はほかにもあり、早足だったために、ＳＰの方々から「もう少しゆっくり歩いてください」といわれたこともあったそうです。

少し話がずれてしまいましたが、たまに家にいる父は、口数は少なく、私たちのことにあれこれ口出しすることはありませんでした。ですが、子どもだった私から見れば、いつも気を張りつめて威張っている、そう見えました。とにかく、安倍家で一番偉いのが父でした。日常生活でいえば、家で一番風呂に入るのも、御飯の配膳も父親から。テレビのチャンネル権も父にあり、父が帰ってくると、私たちが何を見ていようとかまわず時代劇に変えられてしまうのでした。

弟たちとチャンバラをしていて「新選組だ」「出会え出会え」などとやっていると、「新選組は敵なんだ。勤王の志士といいなさい」と怒られたこともあります。山口県というよりも「長州人」としての郷土意識が強かったのでしょう。

今でこそ「郷土意識」、「家」というかつての日本を形づくる基本となっていたものへの意識が希薄になってきていますが、私たちの父・晋太郎は自分が安倍家の中心であるのが当然のことと思っていたのでしょう。父からは、だからこその、安倍家を背負う男としての威厳を、私はつねに感じていました。

それとともに、

「できるものなら、おれについて来い。おれと同じようにできるのならやってみろ」

あえて子どもを威圧する意志をつねに感じていました。その父から感じる態度や意志について父と語れるのは、私が社会に出て父と自然に話せるようになってからのことでした。

父、もうひとつの顔と、異父弟のこと

いわゆる、大黒柱として安倍家を守っていた父ですが、そのいっぽうで、つねに孤独感のようなものを感じていたようです。晋太郎は、戦後すぐに、私たちにとって祖父にあたる晋太郎の父・寛、そして、〝育ての親〟である大伯母の安倍ヨシが亡くなります。そのとき、大泣きしながら、

「僕は、ひとりぼっちだ。天涯孤独だ」

そう嘆いたそうです。

じつは、晋太郎は、生まれて間もなく母・静子と生き別れています。寛と静子が離婚したからです。そこで父は、寛とともに東京から山口にもどります。父は、物心のつく前に母親から引き離されたため、母親の記憶はいっさいありません。「ひとりぼっちだ」と嘆いた父の孤独感はそこに根っこがあるように思います。母親への思いは中学、高校へと進学すればするほど強くなり、消息を尋ねてまわったのだそうです。ですが、母親の消息を父が知ったときには、

すでに亡くなっていました。

　晋太郎の母、つまり私たちのもうひとりの祖母・静子は、寛と離婚したあと、日比谷商事という会社を経営していた西村謙三さんと再婚していました。そして、ふたりの間にはふたりのお子さんがいました。そのおひとりが、西村正雄さんです。日本興業銀行頭取、みずほホールディングス会長を務め、金融ビッグバンのけん引役といわれたおひとりです。

　ふたりが兄弟として対面したのは、昭和54（1979）年5月12日のこと。東京・虎ノ門にあるホテルオークラの「桃花林」でした。会った瞬間に、たがいに兄弟だとわかったそうです。それほどまで、ふたりは似ていたからです。私たちもお会いする機会がたびたびありましたが、本当によく似ています。西村さんも、「知り合いの当選祝いの会に行ったら、『安倍さんですか』と声をかけられた」と笑っておられました。

　西村さんも父も、血を分けた兄弟との初対面では、ある種の興奮状態にあったとか。話題があちこちに飛んで、まとまりのない話になってしまったようです。西村さんは、あらためて父に、「自分が、大伯父のひと言で、異父兄弟の存在を知ったこと」「母親のこと」「自分の姉の和子のこと」を書きつづった手紙を書いたほどでした。

　ただ、西村さんは、対面した晋太郎から、母・静子へのあこがれをひしひしと感じたようです。私たちにとっては祖母にあたる静子は、背が高くて美人で、頭がよかった。性格はおとなしかったようですが、芯が強い人だったといいます。雙葉高女に通っていたころには、同級生に女優の水谷八重子さんがいたそうで、水谷さんに勉強を教えていたこともあったそうです。そのような母親にまつわる話を、父はおそらく食い入るように聞き入っていたのでしょう。そして、母親に会えないこと、さらには、早くに亡くなってしまった、西村さんの姉・和子さん、つまり、晋太郎にとっては、妹にあたる和子さんに会えなかったことは残念だったに違いありません。はじめて対面した1カ月後、東京・谷中にある西村家の墓地を訪れ、おまいりをしたそうです。父は、長い間ひざまずいて手を合わせていたといいます。

「天涯孤独だ」と嘆いた晋太郎には、弟である西村さんの存在がとても嬉しかったのです。正月や、父の誕生日にはかならず安倍家に招いていました。家族ぐるみのおつきあいでした。そのほかにも、月に1回か2回はかならず会っていたようです。

政治家の血を絶やさぬ家系

父・晋太郎の弟・西村さんのことをお話ししましたが、じつは、私たちにも、生まれてすぐに安倍家を離れた、もうひとりの弟がいます。衆議院議員の岸信夫です。この9月に退陣した安倍晋三内閣を引き継いだ菅義偉内閣で、防衛大臣として初入閣を果たしました。その岸信夫こそ、私にとって7歳、晋三とは5歳違いの弟です。昭和34（1959）年4月1日に生まれて間もなく、祖父・岸信介の長男である岸信和・仲子夫婦の養子となったのです。信夫が生まれる前から、祖父・岸信介、私にとって伯父にあたる岸信和夫妻、そして、私たちの父母の間で話し合われ、男子であれば岸家に養子に出すことが決まっていたそうです。

私はその当時7歳、晋三は5歳でした。出産予定日が近づくとともに、母のお腹が大きくなり、そして、病院で産んだこともちろんわかっていました。もうひとり弟ができた。ちょうど私が成蹊小学校に入学した年でもあり、その喜びは、それはひとしおだったのを覚えています。ことに晋三の喜びは私以上だったのでしょう、自分にとってのはじめての弟だったのですから。

それだけに、我が家に来て半年も経たないうちに、信夫が養子に出されると聞いたときの晋三のショックは大きかったようです。そのあたりは、政治家の家というものが、なんとなくわかりかけてきた私とは大きく違ったように思います。

「何でなの?」と母・洋子に詰め寄り、てこずらせました。これは私の記憶にはないのですが、「絶対に、大きくなったら本当は弟なんだといってやる」とまでいっていたそうです。伯母にあたる仲子さんには、「自分のことは自分でしなくてはいけない」と詰め寄ったとも聞きました。

信夫の手元に、信夫が生まれた直後に祖父・岸信介が書いた「命名書」というものがあります。そこには、「信夫」と名前が毛筆で大きく書かれていて、その後に、「命名の謂れ」が書かれています。（原文通り）

「昭和三十四年四月七日
命名　信夫
命名者　岸信介

信為萬事本　（※信は万事の元なり）
信字は岸家の通り名なり
信夫は生前より両親の間に
於て岸家を継くことの約
束をなしたるに依りかく命名す」

命名書と一緒に、祖父の願いが込められた言葉が添えられています。

「明るく清く　正しく強く　　岸信介」

祖父・信介の、信夫に寄せる期待が感じられる書です。

生まれて間もなく安倍家から岸家に養子に入った信夫には、岸信介はとてもやさしい〝おじいちゃん〟でした。信夫が生まれた翌年には総理大臣を辞任していて、すでに好々爺となっていました。のちにお話をしますが、私たちのように蔵に放り込まれたこともおそらくないでしょう。ハワイのお土産だといって、チューインガムのレイ（飾り）をもらって喜んでいたのを覚えているそうです。

ただ、いつもにこにことしている祖父も、出かけるとなると、表情や立ち居振る舞いは凛としていたといいます。「あの後ろ姿は、いまだに忘れられない」と信夫は話していました。

信夫への〝やきもち〟

安倍家は、そのころ、世田谷区の代沢に家があり、渋谷区南平台にある岸家とはご近所づきあいをしていました。こちらから出かけたり、あるいはあちらから遊びに来たり、行き来は頻繁に行われていました。岸家も安倍家もそうでしたが、山口に行けばそれこそ親戚は多いのですが、東京となると親戚はほとんどいませんでした。それで両家は、岸の祖父が引っ越した静岡県の御殿場の邸宅や、熱海の別荘でも一緒に過ごしました。そのほかにも、京都、宮崎県の日南海岸、別府の温泉にも一緒に旅行に出かけました。祖父の親戚がいるハワイのオワフ島にも行ったことがあります。

信夫は、山口県の方言でいう「じら」でした。「素直でなく、自分の意志を通す」というような意味です。信夫は、みなで出かけるときに、「おれは行かない」と「じら」を起こすことがよくありました。私と晋三が力ずくで連れて行こうとするのですが、そうなると、てこでも動きませんでした。あとで聞いたところでは、出かけたほうが楽しいのはわかっているのだけど、なんらかの理由があって、自分が正しいと信念を持っていたのだそうです。そのあたりは、納得いかないとおさまらない晋三によく似ていました。

私と晋三は、母から、「信夫が本当のことを知ったらびっくりしちゃうから、いわないでね」と養子のことについては念を押されていました。ですから、私が「おっきいお兄ちゃん」、晋三が「ちっちゃいお兄ちゃん」として信夫に接し、私たちは信夫のことを「信ちゃん」とか「信夫」と呼びました。「弟だと打ち明けてやる」といっていた晋三もさすがにそのあたりはわきまえていました。ですが、内心は、こういうことはおかしいと思い続けてもいたようです。

私は晋三の気持ちもよくわかりました。ですがその一方で、このようなことは、ほかの家ではないことだろうと思いながら、「政治家の家だから……」と受け止めるようにしていた気がします。

ひとりっ子として育った信夫にとって私たちは、安倍家に行ったときには、近くの公園で砂遊びをして遊んでくれる、ごくごく親しい従兄だったのです。

その信夫からすると、私たち兄弟の信夫に対する接し方はそれぞれ違って見えたようです。信夫は、おもしろい表現をしていました。

例えば、チャンバラ遊びをしているときでも、私の場合には、遊んでもらっていると感じたようです。一緒に遊びながらも、見守りをする。そのような感じを受けたといっていました。それに対して、晋三の場合はどうかというと、いくら5歳違いで力の差があったとしても、信夫と対等に向き合っていたといいます。同じチャンバラでも手加減はあまりせず、私のときと比べると、かなり真剣だったようです。いつも相手と向き合ってくれている。そう感じとっていたようです。

ただ、対等に向き合う姿勢ももちろんあったのでしょうが、晋三にとっては、それだけでもなかったようです。

「信夫が（岸信介に：著者注）メチャクチャ甘やかされていたから、少し鍛えてやらなくちゃいけないと思って、プロレスごっこにかこつけて、結構しごいたりもしましたね」

信夫が生まれる前は、祖父・岸信介からの寵愛を受けていたのは晋三でした。よくいわれるように、晋三は、祖父・岸信介のことが大好きで「おじいちゃんはすごい」と親しい友人たちにも明かし、「祖父が日米安保条約を守り切ったことは50年後に評価される」とまでいっていたそうです。晋三の政治の原点は祖父にあるといわれるくらいです。晋三の心の中にあったのは、それほど好きだった祖父を、信夫にとられた悔しさ、〝やきもち〟でした。そのような一面も晋三にはあったのです。

「政治家の家の子」として

私は、信夫のことについては「ノブちゃんのためにはどうすれば一番いいのかな」と考えることがよくありました。養子であることを隠し続けていつ打ち明けるかも話し合われない。中途半端な状態だったからです。

ですが、私たちが話す前に、信夫が真実を知ってしまったのです。信夫が高校3年生のときのことでした。大学受験のために戸籍謄本を取り寄せたところ、自分が両親の戸籍に入籍した経緯が「出生」ではなく「養子縁組」となっていたのです。そのころは会う機会も減ってはいましたが、かつては「おっきいお兄ちゃん」や「ちっちゃいお兄ちゃん」と呼んで遊んでいたふたりがじつの兄であり、それまで「叔父さん」と呼んでいた安倍晋太郎、「叔母さん」と呼んでいた安倍洋子がじつの親だったのです。そして、「お父さん」「お母さん」が、家系図的にいえば、「叔父さん」「叔母さん」だったのです。

ちょうどそのころ、アイドルとして絶頂期を迎えた山口百恵さんが主役を演じるドラマが人気を博していました。「赤い疑惑」「赤い衝撃」「赤い激流」と「赤い」がかならずタイトルにつけられていたので「赤いシリーズ」と呼ばれていましたが、山口百恵さんが演じる主人公にはかならず出生の秘密が隠されていました。信夫は、まさか自分にもドラマと同じような、出生に関わる秘密があるとはもちろん思ってもみませんでした。

「かなり悩んだ」と信夫は語っていました。「なぜ本当のことをいってくれなかったのか」という気持ちももちろんあったようです。ですが、18年間育ててくれた両親、あるいは、我が子を手放さなくてはならなかった両親、それぞれの思いや悩みがあったに違いない。もちろん、育ての親、産みの親だけでなく、真実を知る人たちは、それぞれがそれぞれに持つ思いを乗り越えて今に至っている。信夫は、混乱し思い悩むうちに、そのような思いに達したといいます。それならば、このまま岸家の長男という立場を受け入れていくのがいいのではないかと割り切れたといいます。

信夫はその後、慶応義塾大学経済学部を卒業し住友商事に入社しました。希望通り、穀物部に配属され、アメリカ、カナダ、オーストラリアで生産される小麦の輸入に関わりました。穀物は相場商品なのでリスクをともないながらのビジネスだけにキリキリと胃が痛む思いをしながら業務を続け、ただ売るだけでなく、東南アジアやアフリカに食糧援助の仕事にも就きました。

ただ、食料需給の問題に関わると、どうしても国同士が絡んでくることになります。そのうえ、信夫が海外に出たころは、日本はバブルが崩壊し活気を失っていました。それとは反対に、よく出張に出ていたベトナムなどの経済的にまだ発展途上の国々には活気がありました。その国々が、日本を目標に頑張っていました。

信夫には、ある種の危機感が湧いてきたといいます。本音のところはわからないようですが、信夫は、祖父からも両親からも「政治家になってほしい」といわれたことは一度もありませんでした。住友商事に就職が決まったときもとても喜んでくれたといっていました。信夫が岸家に養子に入ったことは政治家になるため、祖父が図ったことだったと見る方もいますが、そうではありませんでした。結果的に政治家になったのは、信夫が自分の体験に基づいて政治家の道に進んだのだと私は思っています。

信夫は、奥さんの智香子さんを説得したあと、晋三にも相談したそうです。そのころ、晋三は自民党の幹事長でした。

「お前、本当によく考えたのか。選挙の厳しさがわかっているのか」

私も信夫が政治家になると聞いたときには唐突な感じがしましたが、それは晋三も同じだったようです。きつく問い質され再考をうながされたと信夫は話していました。

私も、そのころは、三菱商事で食糧関係の仕事をしていて、信夫の評判がよいのを聞いていました。それを捨ててまでやるのか、もっと慎重に考えたほうがいいと忠告しました。

「家庭に相当な犠牲を強いることになるぞ」

そういった記憶があります。


信夫は、それでも出馬しました。「じら」を通したのです。私も晋三も兄弟としてできる限りのことはしました。ことに、晋三は自民党幹事長として選挙を取り仕切らねばならない立場にいましたが、応援のために何度か山口県に入りました。平成16（2004）年7月の参議院議員選挙で、信夫はみごと当選を果たしました。参議院議員を2期務める間に、福田改造内閣・麻生内閣で防衛政務官の任にあたります。平成24（2012）年11月16日の衆議院解散を受けて、参議院議員を辞職して山口県2区から衆議院選挙に出馬し当選。平成24（2015）年9月の安倍晋三内閣で外務副大臣に就きます。衆議院安全保障委員長、衆議院議院運営委員会筆頭理事を経て、このたび、菅義偉内閣で防衛大臣として初入閣を果たしました。

信夫は、一幅の掛軸をつねにかかげています。
「至誠而不動者未之有他」（至誠にして動かざるものは、いまだこれ有らざるなり）
中国の孟子の言葉で、信夫が就職する祝いにあたって、祖父・岸信介自らが揮毫した書です。
「誠を尽くして人に接すれば、心を動かさないものはこの世にない。真心を十分に発揮しようと思い努力することこそが人の道である」という意味です。

信夫がにわかに注目されたのは、この令和2（2020）年7月30日に台湾の元総統・李登輝が亡くなったときのことです。李元総統は「台湾民主化の父」として知られ、流暢な日本語を話す親日家でした。97歳でした。東京・白金台にある台北駐日経済文化代表処に設置された記帳台には、森喜朗元総理、麻生太郎副総理、菅義偉官房長官、小泉進次郎環境大臣といった錚々たる顔ぶれが訪れたことは、日本にとって李元総統の存在の大きさを物語っています。

じつは、信夫は、正式な国交のない台北とのパイプをつなぐ大きな役割を担ってきました。台湾との友好促進を図る超党派議連「日華議員懇談会」の幹事長も務めています。

しかも、独自のルートで台湾との人脈を切り拓いているのです。

この1月も、総統選が終わった直後の台北を訪問し、勝利し総統となったばかりの蔡英文さん、次期総統候補といわれ、現在副総統を務めている頼清徳さんと会食しました。

その台湾との縁は、祖父・岸信介にはじまります。祖父は、当時中華民国（台湾）に渡って、総統だった蒋介石と面談していました。昭和37（1962）年8月、通訳を務めた元台湾総統府国策顧問をしていた評論家・金美齢さんが『正論』で書いているように、祖父は、蒋介石や国民党幹部らに「一つの中国」の看板を下ろして中国の国連加盟を認め、同時に台湾も独立国として国際連合に残るよう、助言していたそうです。残念ながら、蒋介石はその説得には応じませんでしたが、台湾の将来を念じ、祖父は何度か訪台していました。（『正論』2012年9月号222〜223ページより）

祖父が88歳の米寿の折には、台湾からお祝いの品物が届きました。「六連の額」。6枚の額の1枚には、祖父の米寿の祝いの言葉が書きつづられ、そのあとに、寄贈に参加した人たちの名前が記されています。そのなかには、李登輝さんの名前もありました。

弟の晋三も、李登輝さんへの思いは強く抱いていました。

2011年の東日本大震災のとき、世界最多の200億円超という義援金を送った台湾を、民主党政権下では、中国の批判を恐れて東日本大震災2012年の追悼式の指名献花から外しましたが、晋三はそれを正しました。

日本政府が2013年3月11日に主催した東日本大震災2周年追悼式には、各国の外交使節に混じって献花する台湾代表の姿がありました。

また晋三は、「フェイスブック」上で台湾の支援に言及し、「大切な日本の友人」と表現しました。多くの台湾人がこれに感動しました。(『李登輝より日本へ　贈る言葉』ウェッジ)

「日本の安全保障を考えても、この地域にとって台湾は重要で欠かすことができないと思っている」

そう語ってもいます。

李登輝さんの訃報に対しても、世界に先駆けて超党派の弔問団を結成し8月9日に台湾を訪れました。森元首相を団長とする一行は、蔡総統と面会し、その後、李元総統の遺影の前で献花をしました。

信夫は、その後、別室で会った李総統の次女夫婦に、晋三から預かってきた手紙を渡したそうです。

このような信夫の入閣に対し、台湾メディアは「親台派の入閣」と大きく伝えているそうです。

「これまでの日本が台湾を支持する行動で、岸氏はつねに主役だった」

信夫の防衛大臣就任で、安全保障面での日台関係強化に対する世論は高まっています。

自分の立ち位置をしっかりとさせて職務を全うしてほしいと願っています。

第2章　政治家の道を選んだ弟

伸び伸びとした学園生活

さて、成蹊学園は一貫教育でしたので、私と晋三は、小学校を卒業すると、中学、高校、そして、大学へと進学しました。ですが、大学こそ同じですが、私は成蹊大学経済学部、2年遅れで晋三は成蹊大学法学部へとあきらかに違う道を歩みはじめました。

そもそも私たち兄弟は、やりたいこと、やることが異なっていました。それは小学校のころの休みの過ごし方からして違いました。私はもっぱら釣りなど、外に出かけていきました。それに対して、晋三はというと、友達を家に呼んで遊ぶことが多かったのです。「政治家にならなければ映画監督になりたかった」と話すように、幼いころから映画が好きでした。「１０１匹わんちゃん大行進」をはじめとしたディズニー映画や、東宝の「ゴジラ」、大映の「ガメラ」シリーズは欠かさず観ていました。ほかにも、オードリー・ヘプバーンの「マイ・フェア・レディ」、西部劇の「シェーン」、クリント・イーストウッド主演の「荒野の用心棒」「夕陽のガンマン」、さらに、フランシス・フォード・コッポラ監督の代表作「ゴッドファーザー」も観たといいます。ですから、休みの日には、家に友達を呼んで、部屋のなかで監督よろしく台本を握り、俳優に扮した友達に演技指導をしていました。学生時代の晋三がいろいろなものに扮装して、何かを演じている八ミリ・フィルムも残っています。ちょっと時間ができると近所のビデオ屋さんからＤＶＤを借りてきて、「一緒に観よう」といって誘いにくることもあったと母は話していました。２０２０年東京オリンピックは延期になりましたが、１９６４年のオリンピックのときは開会式の日に代沢の家の屋根にのぼり、晋三と一緒にブルーインパルスの描く五輪のマークを見て感動しました。学校でもテレビを見て応援し、晋三は家の裏で、軽い鉄鋼材のパイプを使い、金メダルをとった三宅義信さんをまねて重量挙げをしていました。

晋三は小学校では剣道部。中学では、地理研究部でした。大学では、体育会系のアーチェリー部。晋三がなぜアーチェリーを選んだかといえば、高校時代は文科系だったので「はじめてやる人がほとんどだろうから、ハンディもないし試合にも出られるのではないか」と考えたからです。ですが、弓を放つには、それなりの腕力と背筋力が必要です。簡単にはいかなかったようで、選手としては、正選手と補欠の間でした。

それよりも力を発揮したのが、大学から出る予算を各部に振り分けるのが仕事の体育会会計局長の役割でした。行事も多く各部から予算をくれと要望の多かった当時、少ない予算をうまくやりくりし、内部から不平不満が出ないように采配していたといいます。「あいつに任せていたら金の面は安心だろう」という雰囲気があって、実際に各部からも文句は出ず、本部内でも目立った存在になっていきました。そのように立ちまわりながらも、ちゃっかりアーチェリー部にいいようにうまくお金を引き出させたり、グラウンドの確保もしっかりやっていたらしいです。体育会本部でも「アーチェリー部の安倍は、結構したたかにやっている」と噂されたりしていたようです。

同じ時期に体育会会長だった晋三の友人の武藤正司（成蹊会専務理事）さんが教えてくれました。

「少しおっとりとして見えるから、傍目には意外に映るわけですが、あれでいて彼はルーズなところがないし、細かいことにもよく気づくし、押さえるところはビシッと押さえて信頼感を得ていましたね。それに、変に自分を大きく見せようといったところもなかったので、人から好かれるタイプでした。大して受けることもないダジャレをよく飛ばしたりして、本部内に溶け込んでいました。大物政治家の息子でもあるし、いい加減なことはできないといった思いがブレーキとなって、彼なりにポストをこなしていったのではないでしょうか」

「桃李不言 下自成蹊」の資質

武藤さんから見て、そのころの弟は、総理大臣時代のようにぐいぐいとまわりを引っ張るというよりも、人柄でまとめるタイプのリーダーだったそうです。晋三がいると、なぜか場が落ち着いたと、武藤さんは話されています。だからなのでしょうか、「何もしないでも、いつの間にか中心にいた」と成蹊学園時代の弟のことを振り返る方も多いように思います。

ちなみに、同級生たちから見ると、安倍家というのは、オープンなイメージがあるらしいのです。同級生がいつ遊びに行っても歓待してくれるので、体育会本部主催の行事があるときに、安倍の家に集って話し合うとか、試験勉強のために同級生が集まるということがあったと話されていました。たしかに、私もふつうに友人たちを家に呼んでいました。

あるとき、晋三の同級生でアーチェリー部仲間の盛田淳夫（敷島製パン社長）さんが、玄関先で、祖父とばったり顔を合わせたそうです。盛田さんはもちろん元総理大臣で〝昭和の妖怪〟とも呼ばれたことは当然知っていますし、晋三の祖父だということも知っていました。さすがに緊張したようです。そんな盛田さんを見て、祖父はにっこりと微笑んだといいます。

「晋三のお友達かい？　よく来たね」

祖父が盛田さんにかけた言葉はそのひと言だけだったらしいのですが、なぜか受け入れてもらえた気がしたと話されていました。

私たちにとっては日常のことですが、同級生が家に泊まった翌朝、父・晋太郎と朝食を一緒にすることもありました。ちょうど私たちが大学生だったころは、父は農林水産大臣に就任するなど、政治家として名前が知られるようになっていました。一般の方々からすると、政治家といえば、国会で論争する顔だったり、記者たちに詰め寄られて答える顔だったりと、どうしても強面の印象があるようです。しかし、朝食を食べながら話す父は、ごく平凡な父親という印象で、友人たちもその姿を見てほっとするということもあったようです。

晋三が総理在任中、モンゴルのエルベグドルジ大統領を富ヶ谷の家に招いて、「異例の会談」と話題になりました。晋三としては、知り合って間もないエルベグドルジ大統領とリラックスした雰囲気で話したいという気持ちもあったようですが、安倍家ではどのような方が来られようと、それはむしろふつうのことだったのです。もちろん、一国の首脳をお招きするのですから、セキュリティをはじめ、お招きするための準備など、同級生たちが遊びに来るのとは違っていたでしょうが、基本的に我が家に来ていただくという意味では変わらないことだったように思います。

私たちの家には、お手伝いさんや書生さん、誰かから頼まれて預かっている方もいましたし、さまざまな訪問者もいました。その方々とは育った環境も違えば、今いる環境も違いますし、政治的思想の違う方もいます。そのさまざまな人たちをまず受け入れることが、我が家では当たり前になっていたように思います。

兄としてこのようなことをいうのも気恥ずかしいのですが、同級生の方から、弟には、彼が座右の銘としている、成蹊学園の「成蹊」の由来となる「桃李不言　下自成蹊」の故事に似た資質があったといわれることもあります。もしもそのような資質が弟にあったとすれば、さまざまな方が家に訪問されるのを歓迎し、その一人ひとりときちんと向き合うという我が家の雰囲気というか、安倍家、岸家に流れる伝統というものが影響しているのかもしれません。

本田勝彦さんとの思い出

すでにご紹介した本田勝彦さんは鹿児島県のご出身です。4歳のときに父上が亡くなり、結婚して東京で日本専売公社（現・JT）に勤めていた長兄から呼び寄せられ、上野高校から東京大学法学部に進まれました。毎日、上野恩賜公園の西郷隆盛像を眺めながら高校に通い、同窓には、作家の立花隆さんや歌手の小椋佳さんなどおもしろい方々が大勢いたそうです。

父・晋太郎が政治家となって間もないころに、私と晋三の家庭教師を勤めてくださるようになりました。私には勉強を教わった記憶はあまりなく、それよりも、一緒に過ごしたり、夏休みに、青海島や、熱海にある祖父の別荘に行ったときのことのほうが鮮明に覚えています。両親が不在がちだった私たちには、先生というより「お兄さん」のような存在でした。

家庭教師の話を受けたとき、はじめは「あべさんって、NHK会長の阿部眞之助さんの息子のことかな」と答えたそうです。議員1期生だった父のことは知らず、「選挙区が山口らしいけれど、いいのかな？ 私は薩摩の者だけど」と冗談をいったとか。

以来、長いおつきあいで、私も晋三も、本当にいろいろなことを教わりました。本田さんに昔の話をお聞きしたら、私の知らない話も出てきたので、少しご紹介します。


「私は昭和36年に大学に入りました。安保闘争が35年でしょ。まわりはみんな、安保反対を叫んでいる時代です。自分としては、高校生のころから安保条約は改定するべきだと思っていたけれど、岸信介さんのことは嫌いだったんです。それも今思うと、マスコミの影響なんですよ。岸元総理については、ずいぶんいろんなことを書かれていましたから。でも、こうして安倍家で家庭教師をするようになって、岸さんとも深くおつきあいしてみると、非常に勉強になることばかりで。この方は、信念の政治家だったんだなと思いを新たにしたんです。未来を俯瞰して見通す力があったのかもしれませんね。いろんな政治家の方がよく岸家に来てお話を聞いていましたよ」

本田さんは、大叔父・佐藤栄作の家にも呼ばれて顔を出していましたし、歴代の多くの総理大臣とは、面識があるそうです。

「吉田茂元総理と一緒に写った写真もあるんですよ。これは、東大法学部時代に、緑会（学生自治会）が毎年主催する緑会大会があって、その実行委員長をやっていたときのものです。世に出て活躍されている先輩方をお呼びして講師をしていただくんですが、政治家もまんべんなく呼ぶのです。吉田さんが登壇してくれたときは嬉しかったですね。その後、週刊誌で読んだのですが、吉田さんが、サンフランシスコ講和条約の締結を反対した南原繁元東大総長と論争になっていたこともあり、『東大に呼ばれることはないと思っていたので嬉しかった』というようなことが書いてありました。一学生から見ても格好いい政治家でしたね。とても思い出深いです」

本田さんが安倍家で家庭教師をしてくれていたのは、昭和38年から40年ころ。ほかの家にも教えに行かれていたので、うちは週に2回でしたでしょうか。私が小学校3年生から6年生のころでした。

本田さんとは、魚釣りや田舎での夏休みなど一緒に遊んだ思い出がたくさんあります。39年の夏に山口県油谷町でともに過ごした記録が、写真や日記で残っていました。

「鹿児島に帰る途中に山口に寄って、油谷町で数泊過ごしているんですよ。夜、信夫くんのお母さん（育ての親である岸仲子）らとトランプカードのセブンブリッジをしたことまで、日記に書いてありました。寛ちゃん、晋三、信夫も一緒に撮った写真もなつかしいですね。友人のいた岡山や叔母の住む山口県徳山へ寄ってから、下関に到着。不安な心持ちで安倍家にＴＥＬ。安倍晋太郎氏に下関から油谷町まで車で送ってもらった。夜11時、寛信、晋三、信夫くんと会う、と書いてあります。次の日には油谷海岸で海水浴をしていますね。青海島です。日記には、『非常に美しい海岸だった。鮮やかに山影映す日本海、紺碧の空鮮やかに日本海…』と。はじめての日本海での海水浴に感動したのでしょうね」

私たちには「これを解いておきなさい」と問題集を手渡して、そのまま母に麻雀を教えに行ってしまうなんていうこともよくありました。母の麻雀は本田さん仕込みなのです。父・晋太郎が選挙に落選したとき、本田さんは、晩ごはんを一緒に食べながら、父にいったそうです。「次の選挙があるのだから、ここにいる必要はないですよ。安心して地元に帰って地盤を固めてきてください」。私も生意気な学生だったんだろうなと、本田さんは照れ笑いしていました。

「晋太郎先生も素晴らしい政治家でした。私の結婚式のときには、安倍家と岸家の両方に出ていただきましたが、晋太郎先生にいただいた祝辞はよく覚えていますよ。ふたり（寛信と晋三）を教えてもらったけど、成績は上がらなかった。でもしつけは厳しくしてくれてよかったというような内容です。女房に麻雀を教えてくれたなんてこともおっしゃって、笑いも誘われました。晋太郎先生には、政治のうねりの非常に大きな時代に、貴重な経験を積ませてもらってありがたかったです」

政治よりもビジネス

私と晋三は高校生くらいから、父の選挙区で手伝いをはじめました。事務所のお茶汲みからはじまり、応援企業の訪問、父親に代わって会合に出席する。地元・油谷町で開かれる地蔵祭にも出たりするのです。それまでも地蔵祭に行ったことはありましたが、出る意味合いが違ってきました。さらに、大学に入ると、街宣車に乗って街頭演説をするようになりました。私たちが子どものころは、母が中心になってやっていたことです。さすがに母が体力的にきつくなったので、私と晋三が代わってすることにしたのです。

父と母としては、私と晋三のどちらが政治家に向いているか、といったことも見たかったのかもしれませんし、私たちのことを地元の方々に覚えていただくことも考えていたのでしょう。そのころにはまだ、どちらが父の後を継ぐかは、はっきりと決まってはいなかったのです。

父の地盤である山口1区の支援者の間では、安倍家は誰が継ぐのかが、いつも話題になっていました。お祭りのときに万国旗を振ってまでして、歓迎し応援してくれる支援者の方々です。

当然の関心事です。幼いころ「あなたたちは将来安倍家のあれ（後継者）として頑張らないといけんよ」とよくいわれました。

私や晋三を夏休みに預かってくれていた遠縁の小島洋二さんの父親・義助さんは、安倍家の後を継ぐのは私だと思われていたひとりです。支援者をはじめ関係者の葬儀に参列するのは私だったからだそうです。父に代わって弔辞を代読したり、弔辞を述べたりすることもありました。父の葬儀であいさつしたのも私でした。


安倍家の長男という意識は物心ついたころからつねにありましたが、安倍家を代表するのは長男の役割だと受け止めていました。ですが、それと政治家になることとは別のものと思っていました。「長男が継ぐべきだ」との支援者からの声もあるのも知っていました。支援者から直接、聞かれたこともあります。そのときには、あいまいに答えていたものの、内心は、政治家になるつもりはありませんでした。

父親を通じて政治の世界のさまざまな面を垣間見てきました。たまに家に帰ってきた父が「大変だよ。お前はいいなあ」と愚痴をこぼすのを聞いたこともあります。ふだんは無口な父が口に出すのだから、よほど大変なのだろうと思いました。そのようなこともあって政治の世界には魅力を感じられず、それよりも、私は高校時代から、政治家になるよりも海外でビジネスがしたいと思うようになっていました。だから、経済学部に進学したのです。

そもそも、父の地元で支援をお願いしたり、何か話をしたりということが性に合いませんでした。何が嫌だったかといえば、やはり人前で話すことでした。「あんなに多くの偉い人たちを前にして、堂々としたものだ」と支援者の方からほめていただくこともありますが、自分でいうのもどうかと思いますが、若いときには、人前で話すのは私のほうがうまかったようです。さすがに、父の元で秘書として、政治家として場数を踏んでからは晋三のほうがはるかにうまくなりましたが。よけいなことをいえば、私にしても晋三にしても、安倍家の人間は少し声が高いように思います。

ちょっと話が逸れてしまいましたが、人前で話すときに嫌だなと思ったのは、あがってしまうこともちろんありますが、それだけでなく、あらかじめ用意されたものを、どうしたらきちんと伝えられるのかと思って悩んでしまうのです。用意されたものを棒読みにするだけでは、本当に伝えたいことは伝わりません。ですから､自分の言葉にして伝えようとします。それが、伝わったかどうか。話す前も、話したあとも。伝わらなかったと思えばかなり自己嫌悪に陥りました。そのストレスでからだを壊したり、選挙になるたびに風邪を引いたりといったこともありました。

父にも一度、大学時代に「政治に興味はあるか」と訊かれて「僕には向いていない」と直接答えた記憶があります。父は、それ以上、何もいいませんでした。「長男なのだから…」と後継者の自覚をうながすようなこともありませんでした。もちろん、母からも、祖父からも政治の道を勧められたことはありません。それは、弟の信夫が養子に行った岸家でも同じでした。

父自身には「おれは自分のことは自分ひとりでしたものだ」という自負がありました。ですから、私だけでなく、晋三にも、決断できる人間になってほしいと思っていたし、その決断を尊重してくれていたのでしょう。無理強いしてまでやらせることは、かえって子どもたちのためにならないと思っていたのでしょう。

それに、政治家とひと言でいっても、清濁併せ呑むということをふくめて、さまざまな面があります。新聞記者を経て岸信介の秘書となり、政治家として艱難辛苦をなめてきた父・晋太郎は、それだからこそ、よほど好きでないとできないとわかっていたのでしょう。私も、祖父や父、ふたりの弟の姿を見て、政治家というのは、職業というよりも、生き方のすべてだとつくづく思います。好んでやる人と嫌々やる人ではまったく違ってしまうものだと思います。

ただ、父からは、大学を出るころにどこに就職するのか決めあぐねていたのを、

「何をいっているんだ。おれは、ランドセルを背負っているときから、代議士になることを決めていたぞ」

と尻を叩かれたことはありました。

両親が私たち兄弟をこのようにゆるやかに見守っていたことは、地元の方々もわかっていらしたようです。両親には、どうしても政治家にというのではなく、親の背中を見て育てるという雰囲気もあったそうです。「晋太郎さんにしても、洋子夫人にしても、ふたりの様子を観察していたんだと思う」とさきほどの小島洋二さんが話していました。

幼いころから政治家向きだった晋三

弟・晋三のほうはというと、私とは違って気質として政治家に向いていたのだと思います。「晋三は政治家になるよ」と最初に予言したのは、祖父・岸信介でした。当時、祖父は御殿場に住まいを移していましたが、私たちの住んでいた世田谷の家を訪ねると、「ああ、おじいさま」といって真っ先にやって来るのが、きまって晋三だというのです。「きっと政治の世界に興味があるんだ。あれは政治家になる」と御殿場に帰って、嬉しそうに語っていたそうです。

たしかに弟は、幼いころから政治に興味を持っているようでした。友達のお母さんに「やっぱり晋三さんは違うわね」といわれたこともあったとか。小学校のときのバス遠足で、自分の

ところにマイクがまわってくると、

「安倍晋太郎をよろしくお願いします」

冗談交じりで、クラスの子たちに政治家をまねてあいさつしたそうです。そのうえ、母親には、こんなことをいっていたそうです。

「ぼく、山口の地元の学校に行こうかな。友達ができるから、選挙のときにいいのでしょ」

ちょうど父が、三度目の選挙で落選してしまったころでした。彼なりに、父を応援しようとしていたのだと思います。


選挙区に手伝いに行ったときも、はじめのうちは「嫌だ、嫌だ」とか「こんな厳しいスケジュールじゃ、からだがもたないよ」と文句をいっていました。ですが、私が苦悩した、支持者や有権者と話して支持を訴えることが苦ではなかったのでしょう。

あるときには、支援者の方から、

「お母さん、お元気そうですが、何か運動でもなさっているのですか」

そう訊かれた晋三は、

「はい、選挙運動をしておりますので」

如才なく答えたようです。その場その場でざっくばらんに受け答えられる。私にはそういうことがなかなかできません。晋三はそれどころか、選挙活動をやればやるほど活き活きしてくるように、私には見えました。演説もどんどんうまくなっていきますし、からだの調子もよさそうでした。

病気にまでなってしまう私とはまさに対照的です。晋三は、こういうことが本当に好きなんだな……、つくづく思ったものです。これこそ安倍晋三という政治家の、政治家としての大きな資質のひとつだと思います。

よく安倍晋三の政治的信念という意味で、祖父・岸信介をその原点と見る方がいます。たしかに、晋三のなかには、

「そんなに悪人ではないのに、それほどの悪評を受けなくてはならないのか」

「なぜあれだけ自分の信念で、国家・国民のために（安保改定を）やったのに、極悪非道な悪人呼ばわりされるのか」

晋三は、祖父が政治生命を賭けた日米安全保障条約の改定を「片務的な条約を対等にちかい条約にして、まず独立国家の要件を満たそうとしていたのである」と評価しています。そして、それは、「日米関係を強化しながら、日本の自立を実現する」ものだった。政治家として当時考えられる、きわめて現実的な対応だったにもかかわらず、マスコミをはじめ、社会はそれを

理解していない。そのことへの反発がありました。

ただ、晋三は、一方的に反発しているのではなく、反発に対してどうすればよかったのかも考えていたようです。

それが「説明」ということでした。

「評価は評価として政治家側ももっとうまく国民に説明していくべきなのに、アプローチの仕方が非常に悪いのではないかと思ったんです。私もまだ若かったし、自分だったらもっと上手にやるのになあ」

『気骨』（野上忠興著）のなかで、晋三自身が語っています。晋三は、国会答弁でも「よくご説明して」というフレーズを使っていました。説明の仕方については批判もありましたが、説明すること自体については、祖父のことを通じて考えたことだったに違いありません。

それと同時に、晋三は、はじめて選挙応援で個人演説会の演壇に立ったときに、頭のなかが真っ白になってほとんど話せないという苦い経験もしています。支援者一人ひとりと明るく接しながらも、果たしてそれだけ多くの人が自分を応援してくれるかどうか。悩み揺れてもいました。ある親しい同級生には「絶対に政治家になる」とは断言していません。一方である親友には、「政治家になる」といっていました。

同級生の武藤正司さんは、武藤さんが「政治家になって何をしたいの？」と晋三に訊いたときの、晋三の答えをはっきりと覚えています。

「今の時代でも、世界には恵まれない境遇に置かれた人や、紛争で苦しんでいる人がたくさんいる。そのような人の助けになるような政治家になりたいんだ」

大学を出てアメリカ留学が決まったころのことだそうです。晋三は、英語をマスターし、アメリカという国を知りたいとカリフォルニア大学などに留学したのです。

母・洋子から見て、晋三が変わったと感じたのは、そのときでした。ホームステイ先を、訪ねた両親に会った晋三は、ふだん口数が少ないのに、自分から積極的に話しかけてきたのです。ふたりは驚いて、父は、「晋三はいつからあんなにおしゃべりになったんだろうか」と話していたそうです。

明日から秘書官になれ

その晋三が政界への道を歩み出したのは、昭和57（1982）年のこと。父が、中曽根内閣の外務大臣に就任したときのことです。父・晋太郎は、そのころから、竹下登さん、宮沢喜一さん、田中六助さん、渡辺美智雄さん、藤波孝生さん、海部俊樹さん、中川一郎さんと並んで、次世代を担う〝ニューリーダー〟のひとりと目されていました。昭和57年の自民党総裁選にも出馬していました。

晋三は、そのころ、神戸製鋼東京本社に勤務していましたが、いきなり外務大臣秘書官として父のもとに就くことになったのです。祖父・岸信介の外務大臣秘書官から政治家の道がはじまった父親と同じ道を歩んだわけです。しかも、これは有名な話ですが、父は、晋三に「明日から来るように」といったのです。晋三が、「明日は無理だ」というと、

「おれが秘書官になったときは、辞めると決めたら1日で新聞社を辞めたぞ」

そういい放ちました。

晋三は、それを何とか1週間に延ばしてもらったといいます。ですが、その期間だけではとても会社での後片付けは終わりませんでした。もともと晋三は片付けに関しては、あまり得意ではなかったので、秘書官の仕事の合間や夜に会社に行っていたそうです。

そのようなとき、仕事の関係者にあいさつすることもありました。晋三は、その人たちに、「おやじの仕事を手伝うことになりました」と。

ある人からは、こんなことをいわれたらしいです。

「郷里に帰って、鉄工所でもおやりになるのですか」

製鉄会社を辞めて父の仕事を手伝う。そのようなことを思われたらしいのです。晋三はあけっ

ぴろげで、社交的、如才ないところはありますが、自分のことについてはあまり話さない、表に出さない性格です。ことに家のことについては話しません。ですから、あとになって晋三のことについて事実を知り、驚いた方も多かったのではないかと思います。

安倍家で、家事全般を見てくれている岡嶋慶子さんが、晋三のエピソードをいくつか教えてくれました。

神戸製鋼時代に、晋三が汚れた作業着のまま、新幹線に乗って家に帰ってきたことがあるというのです。昔お手伝いをしていた人が、「着替えもせずに、そんな格好で帰ってきたのですか！」と驚いていたそうです。が、「別にいいじゃない」と本人はケロリとした顔なのです。「晋三さんには、とても気さくな面があり、格好つけることのない人なんですよね。あれほど飾らない人も珍しいと思いますよ。おごったところがまったくないというのか」

御殿場から富ヶ谷に所用できたとき、岡嶋さんがたまたま居合わせたときの話です。夜の9時過ぎに、晋三が帰ってきて「ごはん何かないかな？」と尋ねると、お手伝いさんは「時間外なので何もありません」と答えたのです。そのころ安倍家では、9時、10時といった時間を過ぎたら、ごはんはいっさいつくらなくていいというルールになっていたようです。すると晋三は、「そうか。では、外でちょっと食べてきますね」

といって玄関を出ようとする。岡嶋さんは、それはちょっとと思ったので、ささっとチャーハンをつくって食べさせたといいます。

「よその家で出すぎたことをしたと思いましたけど、ちょっとかわいそうになってしまって。お腹が空いていても何も出てこなかったら、そこで怒ったり、頼んだりせず、『あ、じゃあいいよ』といって外に出ようとする、もしくは自分でインスタントのものでも何かつくって食べようか、そういう人なんです。偉くなっても、気配りのできるところ、私は尊敬していますよ」

父・晋太郎は党務では、政調会長、総務会長、幹事長などを務めました。政務では、三木内閣で農林大臣、福田改造内閣で内閣官房長官、鈴木改造内閣で通産大臣を務めました。中曽根内閣のもとでは、連続4期外務大臣を務め、岸信介のアメリカ人脈も駆使し、韓国をはじめとしたアジア諸国との外交も積極的に進め、外務大臣のころがもっとも充実していました。

父の政治的姿勢は、「内政ではハト、外交ではタカ」といわれていました。

そのことは、父自身も任じていることでした。

内政では、国民のためを一番に考え、そのためであれば、共産党の主張する政策でも思い切って取り上げる。その覚悟がありました。

外交は、「信頼の外交」が口癖だったそうです。その実現には、将来に向けてスジを通すべきは通していかなければならないと考えていました。

「日本人は、ものをはっきりといわないという面がマイナスになっていることが多いから、いうべきことはいわなければいけない。率直にいうことが相手に本当に通じることになる」

そうよく語っていたそうです。

ことに、体制の異なる国との対話を大切にしました。そのことが、日本の外交の幅を広げると信じていました。

その一方で、同盟国・アメリカとの関係は貿易摩擦で亀裂が生じていました。父は、当時アメリカ国務長官のジョージ・シュルツさんとの個人的な信頼関係を築き上げることで関係改善につなげました。

「本当に君と僕とはなんでもすぐに意気投合することが多いから、交渉ごとは、すぐに合意成立したものだね」

のちに日米安保30年式典で渡米した際、シュルツさんからいわれたそうです。

さらに、緊密になった日米関係をより一層実りあるものにするために「日米親善交流基金」をつくりました。父は、知的な交流と草の根の交流を助成するためにこの基金をつくりました。発足するのは、父が亡くなる2カ月半ばかり前のことになりますが「安倍基金」とも呼ばれる日米センターが発足しました。その後シュルツさんは、平成3（1991）年10月31日、富ヶ谷にお線香をあげにきてくださいました。

当時のアメリカのブッシュ大統領は、父の功績を讃えました。

「日米センターが開設の運びになったのは、安倍元外相のビジョンと指導力の賜物です。ここに心から感謝と称賛の意を表します。この偉業により、安倍元外相は、両国民の長年にわたる関係に恒久的な貢献をされたことになります」


父は、現場にもよく足を運びました。昭和59（1984）年を「アフリカの年」と自ら指定し、その11月に、ザンビア、エチオピア、エジプトの3カ国を訪れ、エチオピアでは、北部にあるティグレ州のメケレにある旱魃被災地と難民キャンプを視察しました。西側諸国の外務大臣としてはじめてのことです。これを機に、俳優の森繁久彌さんらとともに「アフリカへ毛布を送る会」を結成、171万枚もの毛布を集め、10億円もの寄付金とともに贈りました。外務省で、「節食ランチの会」を開いたり、難民救済募金をして「アフリカ基金」をつくりました。「地味だけれども、やさしく、思いやりの気持ちにあふれた、人道主義に基づいた安倍外相の活動」と評価されました。

父が、昭和57（1982）年11月から昭和61（1986）年7月までの3年8カ月の在任中に、海外に出かけたのは39回、266日間、訪問した国・地域は延べ81カ国におよびました。飛びまわった距離は、なんと76万3600キロで、地球19周分です。〝空飛ぶ大臣〟と呼ばれながら「創造的外交」を展開しました。

晋三は、外務大臣秘書官として、そのころの父の姿をよくよく見ていたのでしょう。学ぶところも多くあったに違いありません。晋三自身、「政治家が行動するうえで欠かせない『ぶれない軸』というものをつくるのに、外相秘書官の経験は役立ちました」と語っています。この経験で、日朝交渉、その後の拉致被害者とその家族の問題にも立ち向かうことができたと思いますし、第1次安倍内閣から第4次安倍内閣までで200ちかくにおよぶ国・地域の安倍外交にもつながっているのだと思います。

身をもって政治を教えた晋太郎

父は、中曽根総理からの信頼も厚く、人事の相談も受けていたといいます。ですから、ニューリーダーのなかでも「ポスト中曽根」の最有力候補といわれました。昭和61年には、所属していた清話会の領袖の座を、それまでの領袖であった福田赳夫さんから譲り受けました。

「(派閥)構想の時代に終止符を打つ新しい時代を、竹下さんや、宮沢さんらとつくるために力を尽くしたい」

意欲満々でした。脂が乗り切っていました。しかし、残念ながら、もう一歩のところで総理大臣のポストは逃してしまいます。

昭和62（1987）年10月の中曽根総理の任期切れにともなう後継者争いには、父、その当時幹事長だった竹下登さん、そして、大蔵大臣だった宮沢喜一さんが名乗り出ました。何事もはっきり決めたい父は、総裁選公選の実施を主張していました。ですが、のちのちまで影響力を残したい中曽根総理の思惑が絡み合ったこともあり、ついに3候補による話し合いで後継を選ぶことになったのです。話し合いは6回にもおよびました。

この3人のうち、父は、竹下さんとは、佐藤内閣時代に、父が国会対策委員長で、竹下さんが副委員長で、私にとって大叔父にあたる佐藤栄作を支えることをはじめ、さまざまな政治場面で一緒に手を携えてきました。同じ昭和33年初当選組で衆議院本会議での議席が隣り合わせだったこともあり意気投合したようです。プライベートでも、おたがいの別荘が近いこともあって、一緒に山歩きなどを楽しんでもいました。竹下さんは、若手を中心とした同志とともに田中派を割って出て「経世会」を発足する際、本当に田中派を割ってよいものかどうか悩む竹下さんに、父は、「実があるなら今月今宵、一夜明くれば誰も来る」という幕末の志士・高杉晋作のうたを色紙に書いて贈り、励ましたといいます。まわりはふたりの関係を「安竹同盟」と呼び、ふたりもたがいに「タケさん」「安倍ちゃん」と呼び合っていました。

ですが、竹下さんも、中曽根総理の後継として、どうしても総理大臣になりたかったのです。のちに竹下さんが回想されていますが、「つい、お先にどうぞ」と父にいいたい気持ちを抑えていたといいますが、おそらく父も同じ気持ちだったでしょう。その気持ちを抑えてたがいに譲らず、結論が出ないまま、総理大臣であった中曽根康弘に、後継指名を一任することになったのです。いわゆる、中曽根裁定です。

中曽根総理が指名したのは、竹下さんでした。

裁定が下された夜、派閥の人たちが、安倍の家に集ったそうです。誰もが、悲憤慷慨という雰囲気だったなか、父だけが、

「みんなにせっかく期待してもらってすまなかったが、今回はこれでいいんだ」

と淡々としていたそうです。父はチャンスを逃してしまったのです。以来、このことは安倍家の教訓となりました。

父はそのころ、弟・晋三が政界に打って出る時期について、支援者たちから訊かれたことがあったようです。じつは、中曽根裁定があった昭和62（1987）年5月に、山口県選出の江島淳参議院議員の死去にともなう参院補選が行われたのですが、その候補に弟の名前が挙がっ

ていたのです。

「この機会を逃したら、いつになったら出られるかわからない。衆議院に親子ふたりで同じ選挙区から出るわけにはいかないのだから、晋三さんは何年先になるか」

父は、笑って答えたそうです。

「それでもしょうがない。おれはあと10年は頑張るから、おれが辞めてからだな」

そして、続けました。

「もし総理になったら、それを務め終えたらすぐに辞める。いつまでも代議士をやろうとは思わないな」

残念ながら、父が総理大臣になることも、ましてや総裁をめぐる争いに名を連ねることも、中曽根裁定以後、二度とありませんでした。1年半後の平成元（1989）年5月、膵臓癌が発覚したのです。膵臓、十二指腸、胃の一部を摘出する手術を受けました。それから、入退院を繰り返します。過酷な外務大臣を長期にわたって務め、外交に心血を注いだことがこの病につながったという人もいます。

父は、闘病中も、ソ連（現・ロシア）を訪問しゴルバチョフ大統領と会談したり、安保条約30周年記念式典に出席するためにアメリカを訪れたり外交に貢献しました。国内では、平成2（1990）年2月の衆議院選挙では全国を練り歩きました。その成果があがり、若手議員を多数当選させることができました。「あれだけの手術をしたのだから静養するのが当たり前」と主治医にいわれるのにも耳を貸しませんでした。旺盛に動きまわったのです。

父に病気を告知したのは、弟の晋三でした。本来ならば、安倍家の長男の私の役割だったのかもしれません。ですが、私はそのころ、カナダに赴任していました。

「癌です」

そう告げると、父は、

「ああ、やっぱりそうか」

そう答えただけだったと聞きました。父は、わかっていたのです。

私が赴任先のカナダから帰国したのは、平成3（1991）年3月のことでした。前年10月に生まれた長男をともなっていました。父の容態はそうとう悪化していました。ですが、長男が病室で泣いても、むしろ、初孫の声を聞けて喜んでいました。そのころ、父親の容態はよくなり、4月29日の誕生日には、ちまきひとつとケーキをぺろりとたいらげてしまいました。体重も55キロだったのが61キロにまでもどったのです。

「とにかく絶対、治す」

西村正雄さんに、そう語っていたそうです。最後の最後まで諦めませんでした。

父は、誕生日からほぼ2週間後の平成3（1991）年5月15日、息を引き取りました。67歳でした。

父が最後に表舞台に立ったのは、平成3年4月中旬、ソ連初代大統領となったゴルバチョフさんの歓迎昼食会の席でした。前年に父がソ連を訪れた際、「桜の咲くころにぜひお出でください」と約束を取り付けたことを受けてのゴルバチョフ大統領の訪日でした。

父の晩年の政治に対する姿勢、態度を、晋三は目の当たりにしていました。実際に政治家になる腹を決めたのは「3年間勤めていた神戸製鋼を辞め、父親の秘書になってから」と、晋三は、成蹊学園時代を振り返ったインタビュー記事で語っています。

「最晩年、膵臓病に侵されながらも父親は、当時ソ連のゴルバチョフ大統領と会談し、平和条約に向けて交渉を再開する端緒をつくった。まさに命を賭けた外交でした。そんな姿を間近で見ていましたから、私もこの仕事を全身全霊でやり遂げたいと思っています」

父は、晩年、闘病生活を送りながら、身をもって政治の道のなんたるかを晋三に教えたかったのでしょう。そして、晋三もそれを受け止めました。父の信念を学んだこともまた、長きにわたる政権を維持できたひとつの要因だったと思います。まさに晋三も、親の背中を見て育ったのでした。

晋三の初出馬

晋三がはじめて出馬したのは平成5（1993）年7月に行われた総選挙でした。ちょうど政治改革が叫ばれていた選挙です。その選挙も、野党が提出した宮沢内閣不信任案に対し、小沢一郎さんら政治改革を望む自民党議員が賛成にまわり可決。政治改革を望まない自民党は守旧派のレッテルを貼られてしまいました。中選挙区最後の選挙です。山口1区には、現職の大蔵大臣だった林義郎さん、前回の選挙で初当選を果たした河村建夫さん、私の友人で小沢一郎さんが結成した新生党から出る古賀敬章さんらが出馬していたのです。しかも、自民党には逆風が吹き荒れていました。本来ならば、弔い合戦である晋三には有利な選挙のはずでした。ですが、それどころではありませんでした。政治家とは、ほかの政治家の力量を測るとき、その政治家が地元でどれだけの票を得ているかを見るものです。晋三は、父の秘書として8年間活動していてそれはわかっていました。だからこそ、「この選挙では、親父の信頼を、私への信頼に変えなければいけないと思っていました」と晋三自身が語っているように、命懸けで闘い抜いたのです。

結果は、9万7647票、24・2パーセントの得票率、2位の林義郎さんに3万票以上の差をつけての1位当選でした。自民党が下野せざるを得ないほどの逆風が吹き荒れるなかでの断然の1位です。晋三は、他の政治家からも一目置かれる存在となったのです。

ですが、自民党が社会党と連立し政権に復帰したとき、所属する清和会領袖の森喜朗さんに呼ばれて、こういわれたそうです。

「安倍くん、君は若いし選挙に強いから、政務次官になるのは一番最後でいいだろう。その代わりね、俺が総理になったら君も官房副長官にしてやるよ」といっていただいたそうです。でもその話は森先生が総理大臣にならない限り、実現されないわけですよね。


世襲議員は、親の地盤を譲り受けるので、選挙が楽だと思われがちです。ですが、そのようなことはありません。たしかに、晋三は出馬した当初、「晋太郎さんのお坊ちゃんだ」と父を知る世代が応援してくれていました。ですが、晋三が当選回数を重ねていくうちに、まわりも代替わりしてきます。父との縁だけでは票を得られなくなっていくのです。晋三は若い世代を自らの手で開拓しなくてはなりませんでした。その意味では、父親の地盤がすっかりほかの陣営に刈り取られていた晋太郎の選挙と変わりません。

父のときには母がその父の支持者開拓に大きく力を尽くしたのと同様に、晋三にとっては、昭恵さんの力が大きいと思います。

晋三は、自民党総裁として全国に遊説にまわります。自分の選挙区にもどれません。そのときに晋三の支持を集めるのが、昭恵さんです。選挙区をただ車に乗って手を振ってまわるだけでなく、車から降りて一人ひとりの手をとって握手を交します。さまざまなイベントにも参加します。ハイキングにも積極的に参加しています。

いい意味での、お嬢様育ちで、アクティブな昭恵さんは若い層に人気があります。その意味では、年配の方々に絶大な人気を誇る母とは、世代ごとに分け合って支持を得ていました。

政権与党の新人議員や2期目の議員は、だいたい各省庁の大臣について政務を行う政務次官となって勉強するのが通例です。このときの自民党初当選議員は、無所属で当選してから入党したふたりをふくめて28名でした。新潟3区の田中眞紀子さん、岐阜1区の野田聖子さん、愛媛1区の塩崎恭久さんと、のちに大臣となり、政界を引っ張ることになる方々が多く当選していました。

結局、晋三は、福島2区選出の荒井広幸さんとともに党のほうに残ることになります。それを不憫に思ったのが、政調会長の亀井静香さんでした。政調会長は自民党内では政策ごとに分かれて部会をとりまとめているので、その権限で、晋三に、「社会部会長」（1999年当時）のポストに就かせてくれたのです。

今でいう厚生労働部会です。その名の通り、厚生労働の分野、社会保障について政策を討議し、立法までを進めます。晋三は、そこでの経験はとても勉強になったといっていました。その道の専門家、いわゆる、族議員が集っているので、こと細かい、詰めた議論ができたからです。その先輩議員たちに揉まれて腕を磨きました。

このような経緯で、晋三は、新人議員がなる政務次官の職務にはついていません。

その後、森先生が総理大臣（第2次森内閣）になり、約束通り晋三を内閣官房副長官（2000年）にしていただいて、辞めたあとの小泉政権（2001年）でも、引き続き務めることになりました。

話は変わりますが、森先生は、昭和44（1969）年12月27日第32回衆議院議員総選挙に石川1区で立候補されましたが、公認がとれず無所属の出馬でした。愛媛3区選出の代議士、今松治郎さんの秘書でした。今松さんは第1次岸内閣で初代の総理府総務長官を務めていたので祖父とは繋がりがありました。（「毎日新聞ニューリーダー29」）

そういう経緯で、森さんは祖父が一番信頼していた秘書官の中村長芳さんに相談して、応援を頼んだようです。天候が悪く飛行機が欠航したので、陸路に切り替え祖父は、汽車で石川県小松市に入り応戦演説を行い、森先生は劣勢を挽回し最高得票で当選されました。

晋三は小泉総理大臣のもと、北朝鮮によって拉致された蓮池薫さんら5人の被害者の帰国、そして、その家族の来日と、北朝鮮拉致問題を進展させました。

蓮池さんら5人の家族が2週間の滞在期間を終えた際、北朝鮮に返すか返さないかが議論となりました。私は慎重論で、返さないことで被害者が北朝鮮に残してきた家族のことを懸念していたので、「いったん返したほうがいいのではないか」、とそのころ晋三に話したことがあります。母も同じ意見だったと思います。

ですが、晋三はきっぱりといいました。

「ここは、返すべきではありません」

そもそも晋三が北朝鮮による拉致被害について知ったのは、父の秘書をしているときのことでした。留学先のロンドンで行方不明になった有本恵子さんの両親が訪ねてこられたのです。北朝鮮にパイプを持つ社会党に相談しても「気の毒に」といわれるだけでとりあえってもらえず、安倍事務所の別の秘書が、警察や外務省に連れて行っても何も進展しませんでした。晋三自身、はじめは半信半疑で、ひとつの国が他国の人たちを自分の国に力づくで連れていくなど考えられなかったそうです。ですが、いろいろと調べていくうちに、これは事実であることに気づくのです。

「世界の恵まれない境遇の人たち、紛争に苦しむ人たちを救いたい」と同級生に語っていた晋三です。自分の目の前に救うべき人がいるのにもかかわらず、何もしないわけにはいきませんでした。その問題は、ただ日本国民が拉致されたということだけではなく、日本という国そのものの主権を侵すことでもあったのです。当選後も、北朝鮮の国交正常化を優先させてなかなか動かぬ外務省をはじめ、政府、自民党に働きかけ、少数の仲間とともに「北朝鮮拉致疑惑日本人救援議員連盟」（旧・拉致議連）の立ち上げにも関わりました。

その後、小泉純一郎総理大臣と、金正日国防委員会委員長との首脳会談が実現し、平成14（2002）年には蓮池薫さんら5人の被害者が帰国しました。その2年後には、その家族が訪日します。それでも、まだ複数の被害者が帰ってきていません。

その後、辞任会見でも語っていましたが、ありとあらゆる可能性に賭け、さまざまなアプローチをしました。そのため、かつては日本でしか主張していなかった「拉致」が世界の問題として認識されています。アメリカのトランプ大統領が、北朝鮮の金正日労働党委員長と1対1の首脳会談の場面でも言及し、また、中国の習近平主席も言及し、そして、韓国の文在寅大統領も言及するようになったのは事実です。

これは今までになかったことです。ただもちろん、彼が、「考えうるあらゆる手段を講じて最善の努力をしてきた」というのも本当でしょうし、それでもなお結果が出ていないことに対して、心を痛めているのは紛れもない事実です。拉致問題の一刻も早い解決を、私も心から望んでいます。

7年8カ月という歳月

晋三は、長期政権を保ち続けましたが、この歳月には大きな意味がありました。5年5カ月続いた小泉内閣のあとは、短命内閣が続きました。小泉内閣を受けた晋三の第1次安倍内閣が366日、福田内閣が365日、麻生内閣が358日、民主党政権に政権交代して鳩山内閣266日、菅内閣452日、野田内閣が482日。6代にわたってほぼ1年で任期交代していました。

しかも、短命内閣が続いている間、自民党から民主党に政権が交代していました。政策的な連続性が断たれ、海外から得ていた日本に対する信用はすっかり失墜しました。経済的にもデフレ状態が続いたまま。日本は停滞していました。

ですから、晋三が在任中の歳月で費やしたのは、日本が国内国外において信頼を回復し、経済的にも建て直し、真の自立を獲得するということに集約されるのだと思います。そこには、国民一人ひとりが自立し活躍する社会を目指すということもふくまれています。

そのための大きな柱が三つあり、そのうちのひとつが、「大胆な金融緩和」「機能的な財政出動」「民間投資の喚起する成長戦略」を、地元・山口県の基礎となる地を築き上げた毛利元就の逸話に由来する「三本の矢」になぞらえた、いわゆる、アベノミクスです。もうひとつの柱が積極的外交、さらにもうひとつが憲法改正でしょう。

憲法改正は残念ながら、道半ばですが、戦後タブーになっていた領域に足を踏み込んだ意味はとても大きかったと思います。


デフレ脱却と、希望を生み出す強い経済構造の実現を目指したアベノミクスは効果をあらわしました。就任時1万円を切っていた日経平均株価も2万2000円台にまで回復しました。3倍近くです。400万人もの新規雇用を生み出し失業率は一時期2・2％まで低下しました。有効求人倍率は国内平均1・63倍という数字は約45年ぶりの高水準で、すべての都道府県で1倍を超えました。史上初のことです。正規雇用も、第二次安倍内閣発足時とくらべて79万人も増えました。家計の可処分所得、いわゆる、手取りの収入は、第二次安倍内閣発足時の292.7兆円から302.1兆円と増え、国民総所得もまた第二次安倍内閣発足時と比べて66.6兆円増加し573.4兆円となりました。

もちろん、これらの数字はコロナウィルスの蔓延によって下方修正されなければなりません。ですが、少なくとも、アベノミクスが目指した方向性は間違っていないと思っています。

また、国民一人ひとりが自立し活躍できるには、国民の命を守る体制を築き上げなくてはなりません。NSCとNSS（国家安全保障局）を創設し、外交・安全保障政策における官邸機能を強化したのもそのひとつ。アメリカとの同盟関係をより強固にするいっぽうで、周辺諸国のさまざまな圧力から国民の安全を守るためには、集団的自衛権の行使が必要だとの信念のもとで平和安全法制成立にも全力を注ぎました。

観光立国としての整備もし、平成24年（2012）に836万人だった訪日外国人旅行者は令和元年（2019）には3188万人と4倍近くまで増えました。

外交的にも、訪れた国・地域は延べ176。ことに日本を取り巻くアジア太平洋地域の変化に応じた地域の平和と繁栄を確保するために、日本がASEAN諸国と対等なパートナーとして歩んでいく道筋をつけました。アメリカを除く参加11カ国とTPP（環太平洋経済連携協定）を、晋三が主導して締結できたのも大きな意味があります。

そのいっぽう、同盟国アメリカとは、平成28年（2016）に、当時のオバマ大統領を、8月6日に広島で開かれた原爆記念式典に招いたことは大きな成果です。安全保障上でも有効な関係を続けるともに、ヨーロッパ各国とアメリカをつなげる役割を果たしました。ドイツとアメリカの間に関係悪があると聞けば、間に入ってとりもち、「アメリカ・ファースト」を掲げるトランプ大統領との親密な関係をたもつことで、ヨーロッパに安心感をあたえていました。

晋三は、自分の目指す政策を実現する内閣を維持するために、兄の私にも見せない血をにじむような努力も重ねたはずです。ですが、それよりも大きな力となったのは、なんといっても多くの国民の方々による支持があったからです。兄としても感謝したいところです。

外出自粛中は、晋三は、昭恵さんと海外ドラマ「ザ・クラウン」を見たり、語りあう時間もありました。退任後、晋三が母と一緒に代々木公園周辺を散策したとき、気づいた方々から激励の言葉や「写真撮っていいですか？」と声をかけられたそうです。母も「いつも晋三や岡嶋さんが、家の屋上で散歩に付きあってくれるけど、今日はほんとうに久ぶりに外で散歩。天気がよくて、よかったわね」と楽しそうに話してくれました。


晋三の功績を讃える方々は多くいらっしゃいます。

私たちの成蹊高校の先輩のひとりで、元外交官で、12代プロ野球コミッショナーを務めた加藤良三さんもそのひとりです。

「吉田茂総理、安倍総理の祖父にあたる岸信介総理は第二次大戦後日本を自由民主主義のアジアにおける代表的国家にするという方向付けを行い、そのための礎石を築かれた2大功労者だと私は思っています。そのおふたりとも在任中はけっして表面的な『人気』のある総理大臣ではありませんでした。むしろ逆で、激しく非難攻撃された総理大臣でした。しかし、後世の良識ある日本国民は等しく今の日本がおふたりのステーツマンシップに多大な恩恵を受けたことを実感しております。日米同盟の基盤に立って自立性ある日本を構築するという根本発想に対する共感です。安倍総理はそのような構図をさらに格段に前進させました」

晋三を、戦後を代表するふたりの総理大臣と肩を並べる総理大臣と高く評価されています。そして、アメリカとの関係性において、ブッシュ、オバマ、トランプの歴代の大統領から高い評価と信頼を受けていたこと、ことに、トランプ大統領に関しては、アメリカの数々の友人が驚いていることを紹介しています。晋三は、トランプ大統領とただファーストネームで呼び合うというだけでなく、側近のいうことすら容易に耳を傾けないトランプ大統領を説得できる、さらにある方向性を「コーチ」できる。そのようなリーダーは晋三のほかにはいないと加藤さんの友人はいい、「そのようなことができる総理大臣はかつて聞いたことがない」とおっしゃっています。


さらに、加藤さんは、国内での晋三が行った、平和安全法制に代表される安全保障に関わる実績を「偉大なもの」と評価されています。

「この分野のことで大きな一歩を踏み出すのは簡単ではありません。そこには本当の『ステーツマンシップ』が必要不可欠です。他の分野のことを簡単という積りは全くありませんが、日本で安保防衛関係で実質的前進を確保することは確固とした『プリンシプル』無しには達成至難な業なのです。安保防衛面での1歩は、1歩の価値が断然違うと私は思っています」（『成蹊会誌』132号より抜粋）

章の終わりに、晋三の言葉をご紹介します。

「アサコール」を飲み始めて10年近くたちましたが、去年から、炎症反応が出るようになりました。今年になってからだんだん数値が正常値を超えるようになって。

晩年の父の姿を見ていたので、限界を恐れずにやってきたつもりです。ですが体が意のままにならない。新型コロナウイルスと経済の対策などで、国民の皆様にこれ以上の不安を与えてはいけません。国会の召集もして定例の秋の人事を行ってから体調が悪化して辞めると13年前と同じことになってしまう。新しく使い始めた「レミケード」は点滴で入れていくタイプの免疫抑制剤で、1回目はすぐに効果はでませんでしたが、一週間後それをもう1回使いました。

実感としてあまり変化はない感じでしたが、血液検査では数値が少し良かったみたいです。ただ、それがずっと効いていくかはわからず、定期的に何回か点滴しなくてはいけない。そんな状態では職務を続けるのは難しいと判断し、辞任を決意したわけです。

7年8カ月、全力で日本のために働いてきました。総理をやめてもその気持ちは変わりません。今後は地元のためにも山口県選出の一議員として働いていきたいと思っています。

第3章　祖父・安倍寛を語る

もうひとりの祖父

報道関係者、評論家をはじめ、さまざまな方々が私たち安倍家を語るとき、真っ先に挙がるのが、母方の祖父、元総理大臣の岸信介の名前です。あとで詳しくお話をしますが、私たちにとって、祖父・岸信介は私たちが住んでいた世田谷区代沢からさほど遠くない渋谷区南平台（のちに富ヶ谷に、その後は御殿場）に家を構えていて身近な存在だったことはたしかです。祖父を通じて、教えられたこともありました。実際に、政治の現場を見たこともあります。それだけ大きな存在で、弟の晋三は、祖父のことを尊敬し、その政治姿勢にも大きな影響をおよぼしていることを感じます。そのためよけいに岸信介にスポットライトが当たるのでしょう。

そのような祖父は、父の晋太郎にとっても当然大きな存在でした。

孫の私たちにとっては、「おじいさん」でしたが、父はつねに「昭和の妖怪」とまで呼ばれた祖父を背負わされていたのかもしれません。特に、政界に入りたてのころ、演説会では、父のことを「岸信介の女婿」と紹介されることが当たり前だったといいます。そのとき、父は、誰にも聞こえないような声で、

「安倍寛の息子だ」とつぶやいたそうです。母親が、そう聞かせてくれました。

安倍寛は、父・晋太郎の父親です。私たちにとっては祖父ですが、残念ながら、私が生まれる6年前、昭和21（1946）年、51歳という若さでこの世を去ったのです。ですから、私たちが知る祖父は、山口県長門市油谷蔵小田渡場の安倍家にある額に納まった写真だけです。

祖父の写真は、もうひとつ下関市の豊北町《ほうぼくちょう》にあった角島《つのしま》小学校にありました。この話を教えてくれたのは、安倍家と交流のある山口日英協会副会長をしている山田禎二さんです。2002年、イングリッシュオークが植樹されてる角島灯台の前で、小学生のスケッチ大会を開き、角島小学校の校長室に挨拶にに入ったら歴代の校長の写真がある辺りに祖父の写真があったそうです。どうしてあるんですか？と尋ねると初代の学校校舎が消失しあらためて建直した際、祖父が、その材木を調達したそうです。材木を提供してくれたのをみんな感謝して記念に飾っているとの話でした。

角島小学校は、明治34（1901）年開校で146年間の歴史がありましたが、残念ながら令和2年（2020）3月31日で廃校に。角島の方々は、その恩義を忘れずに祖父の写真を校長室に飾り続けてくださいました。なぜか写真には材木商とあります。祖父は、地域にも大きく貢献した人物でした。

祖父・寛の祖母ミネとのつながりで安倍家とは遠縁にあたる小島洋二さんは、祖父が通った萩中学の柔道部の主将だった田辺秀雄さんから「男前で端整な顔立ちだからよく覚えている」と聞かされたことがありました。

祖父の思い出を語っている『昭和の清風　安倍寛先生の思い出』（昭和33年3月25日発行、発行兼編集人山田義雄）によると「男振りが良かったので東大在学当時から随分その方ではモテたものであるが、決して最後の一線を越さなかったことは祖父の親友たちの異口同音の証明である。」、「一粒種の晋太郎氏を継母に手をかけさせぬ為に後妻を娶らず、その後は終生独身を通したことも一線越境をしなかった証拠である。」と書かれている。

毎日新聞（1986年1月21日夕刊）「ニューリーダー8」によると、油谷町の祖父・安倍寛の別荘の留守番役で秘書役の山田義雄さん、祖父と会った当時は、大津、美祢《みね》、豊浦郡の青年50人ほどで「長州青年連盟」をつくり血気盛んな政治青年。のちに、新聞記者となり、関門日日新聞大津支局長を務めています。ご子息の山田禎二さんが、今回、私が安倍家の本を出すというのを聞きつけて、安倍寛の十三回忌に出版した『昭和の清風』を送ってくれました。東京で大学時代、一時我が家にいた山田禎二さんに英語を習ったこともありますが、私が勤めていた三菱商事の大先輩でもあります。父の晋太郎とも昔から昵懇で、父が公務で海外にいたとき、仕事先や飛行機のなかで、偶然会ったりしていたと聞いて私も驚きました。

ところで、この『昭和の清風』というタイトルは、どこからきているのでしょうか。それは、江戸時代の長州藩士・村田清風に由来します。清風は、天明3（1783）年、長門国大津郡三隅村沢江（現・長門市三隅下沢江）に生まれました。当時、長州藩の財政は困窮を極めていて、13代藩主・毛利敬親は、中級武士であった清風を抜擢登用し、藩の財政改革にあたらせました。清風は、「天保の大改革」で、負債8万貫の返済のために、倹約の徹底、武士の負債整理と士風の一新、四白政策（紙・蝋・米・塩）の振興などの政策を行い、さらには軍備の改革と充実のために江戸に武器庫を建設、萩では海岸防備等の訓練も行いました。その結果、藩政は一新。士気は大いに高められ、のちに長州藩が雄藩となる基礎が築き上げられたのです。

その後清風は、63歳のときに職を辞して、三隅山荘に帰り隠居の身となりました。以降、人材の育成に力を注ぎ、山荘内に開いた私塾「尊聖堂」は、多くの子弟たちで満ちあふれました。数年後、清風は再度藩主に乞われて出仕しますが、中風に倒れてしまいます。不自由な身をおして密議にあずかっていたものの、中風の再発により、73歳でその生涯を閉じました。

幼少より清風の薫陶を受けた周布政之助（三隅下浅田の出身）は、その意志を受け継ぎ、革新的政治家として安政以後の藩の難局に対処しましたが、明治維新の大業を見ることなく亡くなります。それでもなお、その志は、吉田松陰、高杉晋作、木戸孝允らに受け継がれ、長州藩革新派を輩出する原動力となったのです。そのような人物をほうふつさせるものが、祖父・安倍寛にはあったのでしょう。清廉潔白な人であったという評価は、息子である父にも脈々と受け継がれているといってくださる方もたくさんいます。

第1章で、私が、父から「できるなら、おれのようにやってみろ」と威圧するような意志をつねに感じていたことをお話したと思いますが、そのことを、父に訊いたことがあります。

父は、こういいました。

「それは、お前の〝じいさん〟がそうだった。いつもものすごく威張っていて、『やれるようならおれと同じようにやってみろ』といっているようだった」

知らず知らずのうちに、私たちは、「もうひとりの祖父」安倍寛から影響を受けていたのです。

あらためて祖父の足跡をたどってみると、早世さえしなければ、おそらく政界で確固たる地位を得て敗戦後の日本社会の復興に大きく貢献したに違いありません。父はもちろんのこと、もうひとりの祖父・岸信介もまた尊敬するほどの人物でした。

そして、盟友関係にあった三木武夫・元総理大臣の奥様である故・三木睦子さんも、祖父についてこう評しています。

「今の私たちに、戦争も知らない、本当に平和な時代をつくってくださったのは、安倍寛さんたちだったと思うのです」

睦子夫人は、祖父の功績を高く讃えているのです。

次に反戦を訴え続けた気骨の祖父・安倍寛の生涯について語りたいと思います。

親を知らずに育つ

祖父・安倍寛《かん》は、明治27（1894）年4月29日に山口県大津郡日置村に生まれました。現在の長門市油谷蔵小田渡場です。日本海に面し、ウニやイカが名産の漁業を産業の中心としたところです。

安倍家の祖先をたどっていくと、平安時代後期、東北で起こった「前九年の役」にたどりつきます。

作家の古川薫さんが、「安倍一族反骨の系譜」――「前九年」の貞任から晋三に続く士魂の脈動――（月刊『自由民主』2006年11月号）」のなかで以下のように書いています。

「平安末期、陸奥北上川流域を支配していた安倍貞任《さだとう》、宗任《むねとう》を討伐するために、京の都から源頼義、義家親子が派遣された。それが「前九年の役」。安倍貞任は、亡くなるが、降伏した宗任は、京都に送られ、伊予から太宰府に流されて、さらに筑前大島に配流された。」と。

一族は奮戦し、貞任らは最北の砦・厨川柵《くりやがわのさく》（岩手県盛岡市）で殺害されるが、宗任らは降服し一命をとりとめ、安倍宗任は、源義家に都へ連行されたようです。

その際、奥州の蝦夷は花の名など知らぬだろうと侮蔑した貴族が、梅の花を見せて何かと嘲笑したところ、『わが国の　梅の花とは見つれども　大宮人はいかがいふらむ』と歌で答えて、その教養の高さに都人を驚かせたといいます。（平家物語』剣巻）」

つまり､安倍貞任､安倍宗任の兄弟が朝廷に対して反乱を起こし､朝廷から派遣された源義家・頼家父子と戦い、兄の貞任は敗死してしまいますが、宗任は降伏し伊予国（現・愛媛県）に流されたあと、筑前大島（福岡県宗像市）へと流されたのです。宗任には、三男二女があり、安倍一族の九州における足跡はここからはじまっています。

「安倍宗任の三男実任（季任）は松浦にひそみ、松浦党の主流に加わった。源平の争いが、壇ノ浦決戦をむかえるのは安倍高俊のときである。平家敗北、安倍高俊は捕らえられ、長門国の大津郡畑村（現長門市油谷町）に流罪となった。」と。（「安倍一族反骨の系譜」）

私たちの原点で、父・晋三の選挙区との関わりは、宗任の系譜から5代後の、この安倍高俊からです。大正年間、父の晋太郎が生まれるころまでは、山の中腹に「安倍屋敷」という地名があったそうです。安倍家は田畑を耕し林業を営んできましたが、江戸時代からは醤油などの醸造業をはじめます。そこで指導的な立場にあったようです。

『安倍晋太郎　輝かしき政治生涯』で紹介していますが、安倍家のルーツである安倍宗任の眠る、青森県五所川原在の「石塔山荒覇吐《せきとうざんあらはばき》」には、父と晋三が、昭和62（1987）年7月末、参拝しています。父はつねづね、大伯母ヨシから「安倍家は11世紀、前九年の役で源義家と争った陸奥の豪族の末裔」と聞かされていました。

現在、安倍宗任のお墓は九州の宗像市大島の曹洞宗安昌院にあります。私は三菱商事九州支社長時代、宗像市から玄海灘の沖合約10ｋｍにある大島までフェリーに乗り、おまいりに行きました。大島は、周囲が海のため暖かく、一年中霜が降りない『玄界灘に浮かぶ自然と歴史の島』といわれています。現在のご住職は安川到道師によると、父・晋太郎は、先代のご住職安川浄生師が出版した書籍『安倍宗任』を知り、先代にお会いしています。山口の方にも何度か足をお運びいただき、安倍家の家系図を作っていただきました。私の結婚式で引き出物のひとつにもしています。

政治とのつながりは、私たちの祖父・寛の祖父にあたる慎太郎からです。安倍家の〝中興の祖〟といわれる慎太郎が、明治12（2897）年の第1回山口県議会議員選挙に当選したことにはじまります。

慎太郎は、中央政界入りを狙っていたものの、明治15（1882）年10月10日にこの世を去ってしまいます。32歳の若さでした。

慎太郎には後継ぎがいませんでした。そこで、安倍家存続のために、名門旧家の椋木家から彪助を婿として迎え入れ、慎太郎の妹のタメと結婚させました。

祖父は、その彪助とタメの間に生まれたひとり息子でした。しかし、いわゆる、素封家の子どもとして順調に育ったわけではありません。1歳となる直前の明治28（1895）年4月27日に、父親の彪助が亡くなり、その3年後には、母親のタメまでこの世を去ってしまいました。祖父は、物心つく前に両親を失ってしまったのです。

のちに1期だけ祖父の地盤を医師である木村義雄さんが継ぐのは、この彪助の兄妹だったスエが木村家に嫁ぎ縁戚であったからでした。

両親亡きあと、代わりに、祖父・寛を育てたのが、タメの姉、つまり伯母にあたるヨシでした。そのあたりでは女傑として知られ、祖父をとても厳しくしつけたそうです。安倍家を継ぐ者として立派に育てることだけをつねに考えていて、「夜も眠れぬほど心配した」と、のちの昭和12（1938）年の選挙で祖父が当選した際に語っています。

そのようなヨシに育てられた祖父は、萩中学校を出たあと、金沢にあった旧制・第四高等学校を経て東京帝国大学（現・東京大学）の政治学科に進学します。

「とても気の強い性格で、負けることが大嫌いだった」と萩中学で同室だった先輩が証言しています。祖父は、肩を振って歩くクセがあったらしいのですが、ある先輩からは、「威張って歩いている」と見えたらしいのです。呼び出されて殴られることもしばしば。それでも、祖父は、歯を食いしばって我慢していたそうです。

萩中学時代では柔道部に入部し、小島洋二さんによると大叔父の田辺主将に、よく稽古をつけられました。中学5年生で黒帯に対して1年生で白帯にもかかわらず、ひるむことなく果敢に向かってきていたそうです。

祖父はわんぱくでしたが、その一方で面倒見がよく、友達思いで知られていました。中学時代、夏休みとなると、5、6人の級友を連れ帰って近くの油谷湾で水泳をしたり、山に登ったりして日本海で獲れる鮮魚をふるまったといいます。

帝国大学時代には、毎月、かなり多くの仕送りを、育ての親ともいうべき、伯母のヨシに要求してきました。あまりにも多すぎることを心配したヨシが、東京に出ている人に問い合わせたところ、毎月送っている仕送りは、ふつうの人の3倍以上にもおよんでいました。「銀座を歩くと柳がたなびく」というほど男前だった祖父のこと。悪い遊び場に通っているのではないか。怪しんだヨシは、菱海村《ひしかいそん》の大島義昌陸軍大将に周辺調査を依頼しました。驚いたことに、ヨシが送る仕送りで、優秀な3人の苦学生を養っていたのでした。

政治家になるために商売を

祖父・寛が政治家の道を志したのは、東京帝大在学中のようです。

祖父のおもしろいところは、ただ直線的に政治家への道を目指すわけではなかったということです。信念や志を抱いているだけでは政治はできないことを知っていました。どれほどの力を手に入れようとしていたのか、そのところまではわかりませんが、祖父の志を知った大島大将が、外務省への就職を勧めたときのことです。官僚から政治家を目指すのがもっとも近道だと思ったのでしょう。

ですが、祖父は、勧めを断りました。「政治家は金儲けをしないといけない」と、まず資金づくりからはじめたのです。

「政治家は自分の金で政治資金を賄う」

それが信念でした。

大正10（1921）年に東京帝大を卒業すると同時に、三平商会という自転車の製作工場を設立しました。

ところが、遠路はるばる上京して商売の様子を見にきたヨシに叱りつけられました。

「その姿ではとても商売はできまい」

ヨシからすれば、商売人は前掛け姿で腰を低くして仕事をもらいにいくもの。にもかかわらず、祖父の姿といえば、白足袋に袴で、大きな会社の社長然として社長室にふんぞり返っていたのでした。金儲けをしなくてはいけないことはわかっていても、不得手だったのかもしれません。

祖父は工場設立と同じ年、結婚もしていました。相手は、本堂静子でした。明治38（1905）年11月10日、岩手県の士族で陸軍軍医の本堂恒二郎と、山口県出身の陸軍大将、大島義昌の長女・秀子との間に生まれました。

祖父より11歳年下です。大島家は、安倍家のある旧・日置村の隣にあった菱海村の旧家でした。そのふたりの間に生まれたのが、晋太郎。つまり、私の父です。大正13（1924）年4月29日、偶然にも祖父と同じ日に生まれました。ですが、それから間もなく、三平商会も畳み、静子とも離婚して山口県へともどるのです。

別れた理由は、家と家との問題だとか、私の父・晋太郎が生まれる前年に起きた関東大震災で工場が壊れて商売が傾いたことが原因だとか、いろいろといわれていますが、詳しいことはわかりません。

日置村にもどった祖父は、それ以後、結婚はしませんでした。独身を貫き、父・晋太郎を育てました。祖父は、親戚の小島ミヨさんに、父を預けました。

ミヨさんはこう語っています。

「晋太郎様は生後八十三日目から預かつて育てましたがお父様の方が幼い時の腕白はよほどヒドかつたと思います。お母様を知られぬ晋太郎様をヒガましてはならぬとお父様は余程気を使つて居られましたが、私もほんとうにそうした気持ちで育てる上に気を使いました。又ケガをさせたり病気にかからせたりしては申しわけないと細心の注意を払いました。カンシャクではありましたが物分かりがよかつたので手こずると云うことはありませんでした。私には特別よくなついて居られるのが反つてイジらしく小学校へ入学される迄私の家で育てたのですが、安倍の家へ帰られてからも子供心に住心地がシックリしないのか学校から帰られると寝られる迄私の方で遊んで行かれました。お父様の方は五歳の時から面倒を見ましたが晋太郎様とは違つて伯母様が主に養育にあたられたのですが晋太郎様は全部私でした。素直なよい坊チヤマでしたがお二人のよいお父様になられて私も安心が出来ました」（『昭和の清風』原文のまま）

父は、祖父の思い出をこう語っています。

祖父から、祖母・静子について聞かされたのは、終戦前年に、父が、海軍予備学生として滋賀県大津の航空隊から帰郷したときのことでした。

母を離縁したこと。母の亡くなったことを聞かされ、

「自分が若気の意地を張り通したことがお前を不幸にしてすまなかった。父の二の舞をせぬように」と将来の結婚に対して語ったそうです。父は男の手ひとつで何もかも面倒を見ねばならなかった祖父の苦労を思って感涙しました。

「父は厳格な人であつたと云うことが私のうけて居る一番強い印象です。兎に角厳しい躾をうけました。父も亦父を育てた伯母のヨシから私以上の厳しい躾を受けたようです。私を政治家

として世に立たせると云うのが父の唯一の希望であつて、そのために私に対する教育の総てが注がれて居ました。父は私の衣食住について随分気を使つて居た。例えば食事にしてもおかずの種類や量を女中に命じたり衣服の手入れのこと。起床就寝の時間の厳守。外出の行先等私としては全くウルサイ思いをさせられたが私の健康については細心の注意を払って居たものと思われます」(『昭和の清風』原文のまま)

はじめての選挙

祖父が、念願だった政治の道を歩みはじめたのは、昭和3(1928)年に行われた衆議院議員選挙でした。山口県1区から立候補しました。33歳のときです。ちょうど大正14(1925)年3月に改定された衆議院議員選挙法に基づくはじめての選挙、いわゆる、第1回普通選挙でした。高額納税者に限った選挙権取得の条件などが撤廃され、25歳以上の男子すべてが選挙で投票できるようになったのです。大正デモクラシーの風を受けながら、いよいよ政界へと乗り出したのです。議席を争うライバルは、大財閥の支持を受ける立憲政友会の藤田包輔。『昭和の清風』によれば、その選挙で、祖父は選挙権を得た若い層からの支持を中心に無名ながらも有利に選挙戦を戦ったようです。藤田陣営に勝る勢いでした。

これに対し、不利と見たのでしょう。立憲政友会の陣営は、選挙中盤戦となって候補者を替えてきました。替わって出てきたのは久原房之助でした。選挙戦のころ、ある新聞で、祖父と久原の戦いが漫画になりました。久原が大きな洋犬、祖父が小さな和犬として描かれ、和犬が洋犬に噛みついているのです。この漫画でわかるように、相手は圧倒的な資金力を誇る大物でした。日立製作所、日産自動車、日立造船、日本鉱業創立の基盤となった久原鉱業所（日立銅山）や久原財閥の総帥として「鉱山王」の異名をとり、のちには、立憲政友会の総帥になりました。小さな和犬の祖父は「金権腐敗」を訴えて戦いましたが、残念ながら健闘むなしく敗れました。

ですが、若い層の祖父への支持は変わらず、地元・日置村をふくむ当時の大津郡に北斗会を結成。大津郡以外の同志と緊密に連絡を取り続けて、次の選挙では必ず当選することを目指したのです。

病床での村政改革

ところが、はじめての総選挙後、祖父は養生を余儀なくされました。じつは、学生時代に結核を患っていました。その再発です（結核は戦後までは「不治の病」と呼ばれ、日本国民の死因の第1位でした）。くわえて、結核菌が脊椎にまでおよび脊椎カリエスまで併発しました。

一時は危篤状態にまで陥ったといいます。そのたびに、祖父は「死ぬものか、死んではならない」とあらん限り意識を振り起こしました。主治医も、この精神力には舌を巻いたほどでした。安倍家本家にほど遠くない別邸で過ごすようになりました。

病状が少し癒えたころ、療養中の祖父のところに青年団が訪れました。実際にどのようなやりとりがあったのかはわかりませんが、

「ぜひとも、日置村の村長になってください」

とかなり強い、懇願にちかいものだったに違いありません。

というのも、そのころの日置村の村政は乱れに乱れていたのです。その原因は、村議会でした。議会は甲派と乙派のふたつの派閥に割れ、たがいの足の引っ張り合いをしていました。これでは村政が円滑に行われるはずがありません。村の職員が用件で県庁を訪れても、ろくに相手にされず、そのせいで一番迷惑をこうむったのは村民でした。

これに対して、青年有志が、村政一新を掲げて立ち上がったのです。彼らが旗印として担ぎ上げようとしたのが、祖父・寛だったのです。

祖父は断り続けました。山口県にある小さな村とはいえ、とてもその長となれるような健康状態ではありませんでした。ですが、再三再四にわたる懇願に心を動かされたのでしょう。引き受けるにあたり、条件を出しました。

「こうして、ベッド生活をしているのでめったに役場に行くこともできぬがそれでよいか」

「たまに役場へ行ってもベッドで執務する」

そして祖父は村議会の満場一致で村長に推薦されます。

『昭和の清風』によると山田さんの父・義雄さんが祖父にはじめて会ったのは昭和8年の春、日置村役場の村長室でした。祖父はきちんと椅子に座っていたものの、たしかに、執務室の隅には白いカバーのかかったベッドが置いてあったそうです。

祖父はそのベッドで休みながら、役場の助役をはじめとした職員たちからの報告を受けたりしていたのでしょう。事案の報告を受けると、「イエス」「ノー」の答えをその場で出す。勘所を押さえることが得意で処理能力が高かったので、ひとつの事案を解決するまでに10分あればすんでいたそうです。

その一方で、毎日、村内のあちこちから相談や頼み事に来る人たちと接することも多くなりました。そのころの人たちは、簡潔に要点を話すことが非礼にあたると思う方が多かったそうで、話がどうしても長くなります。てきぱき物事を処理する祖父としては、なかなか忍耐が必要だったかもしれません。それでもじっくり聞いていました。

相手に寄り添う祖父は、村の行政を変えていきました。たとえば、予算編成。どこの町村でもたいてい5日間はかかったものを、日置村ではたった2日間ですませ、合理化を進めていたのでしょう。かつては県庁の役人が相手にしなかった日置村の変化は県下でも有名になりました。

さらに、村を豊かにするために、さまざまなことに挑みました。和牛の改良もそのひとつです。地元の畜産業者の反対を押し切ってまでも進めました。ほかの人たちにさせるだけでなく、自分でも1頭飼っていました。数年後には、反対していた畜産業者がかえって本気で取り組んできたといいます。

ただし、村で所有する村有林はほとんど伐採しませんでした。苦しくとも村の財政はほかの方法で財源を求め、大切な財源として残しました。村有林で育った木々は30年後、さまざまな村の施設へと姿を変えて役立つことになるのです。

村長のころ、祖父が口にしていたのは、

「郷土の開発、ことに大津郡が日の当たらない位置にあるのをなんとかしたい」

そのために、油谷湾の開発、良質米の増産、水産業の発展に苦心していました。灌漑用ダムの建設も計画しました。日置村は、毎年干ばつで米の収穫がままならなかったからです。しかし、しだいに中国大陸での戦況が広がった影響で工事が進まないうえに、台風で近くを流れる掛淵川の流域は氾濫を起こし大被害を受けるなど、なかなかその構想は進みませんでした。ですが、その遺志は受け継がれ、のちに理想的なダムが完成しました。

乱れた村行政を軌道に乗せ、日置村の発展は年ごとに目に見えるものになっていったといいます。

その一方で、祖父は、村長を兼任しながら県会議員選挙に出馬し当選を果たします。当時は県議会と行政の長の兼務が許されていました。昭和10（1935）年のことでした。

じつは、このときは、祖父に出馬する気持ちはなかったようです。萩中学で親しい関係にあった友人に出馬をうながすために、友人の父親を訪ねたところ、逆に立候補を勧められたのでした。

「ミイラ取りがミイラになったよ」

と苦笑いしていたそうです。

県議会議員としては、県庁移転論を展開したそうです。山口市から下関市に移し、山口市を文教都市にする（山口市を日本一の文教都市にする構想があったようですが知る人は少なかった）。この移転論は県内に波紋を呼び起こしました。

「山口市の人に、襲われはせんか？」

祖父の地元の支持者たちからは、そう心配されたといいます。

父・晋太郎にとっての安倍寛

山田禎二さんによれば、父の義雄さんが、祖父の秘書をしていたころの話です。

父は、帝国大学時代に、からだを壊して日置村に帰っていました。父はまわりから「男坊」「男坊」と呼ばれてかわいがられていたそうです。

あるとき、父がどこかに出かけた帰りに、長門市正明市の山田さんの家に寄ったそうです。そして、時間も遅く帰りの列車もなくなったので、その日は泊まっていけばいいということになり、祖父に電話を入れました。ところが、祖父は、いったそうです。

「とにかく、すぐに歩いて帰らせろ」

山田さんの家からは、15キロ以上あり、あまりにも遠いので、祖父をとにかくなだめすかして、その日は山田さんの家に泊まる許しを、もらったといいます。

祖父は、父が、他人の家で食事することを禁止しており、宿泊も木村家、小島家と山田家だけは許されていたと息子の山田禎二さんからお聞きしました

また、祖父は、ふだんは和服に白足袋。折り目もきちんとした袴を着て正座して、仲間や支持者と語り合ったといいます。その家の人が、何か食事でもふるまおうとしても、

「番茶がよい」

そういって何も口にしませんでした。上品な貴公子。それが安倍寛の姿でした。子どもから見ると、たくわえた口ひげに貫録が漂い、威厳がありすぎて怖いくらいだったようです。

洋服は、冬服3着、合服3着、夏服だけは4着か5着と多めに持っていました。夏服が多いのは汚れやすいので、たびたびクリーニングに出さなければならなかったからだそうです。生地は最高級のもので、ほとんど東京の三越でつくったものでした。外出するときには、おしゃれなパナマ帽をかぶっていました。

まわりの方の証言を見ると、きわめて簡素な人だったようです。簡素な生活が好きだったこともあるかもしれませんが、ふだんの生活では無駄をなくすように工夫をすることで、家事をしてくれる使用人に無駄な手間をかけないようにしていたともいいます。

父からすると、祖父は、1日中家ではひと言も無駄口をたたかなかったらしいのですが、演説に行くとずいぶんとシャレを飛ばして聴衆を笑わせていたようです。

のちに父・晋太郎は、父ひとり、子ひとりの家庭について語っています。

「寂しい家庭ではあったが冷たい環境であったという記憶はありません」

晋太郎は、山口中学を卒業して1年浪人して昭和18（1943）年に、岡山県岡山市にあった第六高等学校に入学します。そのときの入試の作文の課題が「わが母を語る」でした。父は、木村家の人たちに語っていました。

「問題を見たとき、一瞬どきっとした。が、ずっと思っていたことを思い切り書いた。かえって、よく書けたと思う」

父は、成長すればするほど、物心つかないころに別れた母親を慕うようになりました。高校時代に剣道に熱中したのは、その思いを振り払うためだったともいいます。ですが、その思いに抗しがたく、父は口止めされていた親戚たちに母親のことを聞いてまわり、そのなかのひとりから、東京・新宿に住んでいると聞きつけるのです。のちに事あるごとに理由をつけては上京し、その行方を探したのでした。ところが、そのころすでに、晋太郎の母・静子は結核で亡くなっていました。31歳でした。祖母・静子さんが残したのが、みずほホールディングス会長を務めた西村正雄さんで、父が西村さんと親しくおつきあいしていたことはすでにお話しした通りです。

軍部主導の中央政界へ

さきほどダムのお話をしたときに予算がまわってこなかったといったように、祖父が村長となったころから、日本の情勢は危うい方向に動きはじめていました。軍部の力が政党内閣政治を押しつぶし、ファッショ体制へと向かっていました。昭和7（1932）年3月には、満州事変によって占領した中国東北部に満州国を建国し、それが国際連盟に承認されないとなると、日本政府は国際連盟を脱退します。国内では、昭和7年5月に五・一五事件が勃発。海軍の青年将校らが、時の首相である犬養毅を射殺します。言論・思想の統制も強まり、作家の小林多喜二が虐殺されました。昭和11（1936）年には、青年将校が立ち上がり、高橋是清大蔵大臣、斎藤実内大臣などを殺害。首都圏を制圧しようとした二・二六事件が勃発します。

そのような時代だからこそ、見識が深い祖父への期待が高まったに違いありません。政党に属さない県議会議員で結成し祖父がまとめ役を務める中正会に所属するひとりが、総選挙への出馬をうながすために、祖父の自宅を訪ねて来ました。そのとき、祖父は、自分のレントゲン写真を見せたそうです。

「このからだではとても運動はできまい」

見せられたその人物は、納得するよりも驚いたといいます。これで、よくぞ生きていられるものだと。

その場には、小学校5年生になった父・晋太郎もいました。祖父の病状をあらためて知り、

「お父さん、死んでは嫌だ」

声をあげて泣き出し、祖父にすがりつきました。

さすがに、その人物もそれ以上その場では、説得するのをあきらめざるを得ませんでした。

しかし、祖父もまた中央政界で活躍する機会を狙っていたのです。その機会は思ったよりも早く訪れました。昭和12（1937）年3月31日、林銑十郎総理大臣が、軍事予算成立後、議会の解散を断行したのです。政党が政府に対して協力的ではない、というのが解散の理由でした。軍事予算という「ご馳走」だけを食べて解散した、という意味で、「食い逃げ解散」とも呼ばれました。

ちなみに、この食い逃げに対し、「理由なき解散」と7分間にわたって林総理大臣の批判演説をしたのが、小泉純一郎元総理大臣のおじいさんにあたる小泉又二郎さんでした。このことは、小泉総理が、郵政解散をしたときにもマスコミで取り上げられていました。

この「食い逃げ解散」によって昭和12（1937）年4月30日に投開票が行われることになった総選挙に、祖父は無所属で立候補しました。日置村内にある古市駅近くに開いた選挙事務所は、バラックといっていいような2階建ての粗末な建物でしたが、事務長の村会議員の岡田梅治さんをはじめとした30代の青年参謀たち誰もが、9年前の選挙での雪辱を果たすときがきたと躍起になっていたといいます。

祖父は、モーニングに立カラーの服装で選挙区をまわりました。モーニングの下にはコルセットが巻かれていました。歩くのがやっと。そのような状態にもかかわらず、有権者に呼びかけました。

「既成政党の腐敗堕落を糺し政界に新風を送り込む」

そう立候補した山口県1区の人たちに訴えかける祖父が掲げたスローガンが、

「厳正中立」

軍部主導の政府にも寄らず、既成政党にも寄らない。自分自身で立つ。その道を選んだのです。これをめぐって激しい論争が繰り広げられたそうです。山口県1区をはじめとした山口県の長門地方は、既成政党のひとつ政友会の勢力が強く「政友王国」とさえ呼ばれていました。祖父の既成政党批判と厳正中立に対し、政友会の候補は「灰色候補」と祖父をののしりました。

祖父・安倍寛のマニフェスト

晋三の衆議院議員会館の1212号室の執務室に、祖父・安倍寛が昭和12（1937）年に出馬した際の、「立候補の御挨拶」が入った額が机の上に飾られています。これは、父から受け継いだもので、今でいうところの〝マニフェスト〟です。私が訪ねたとき、晋三は、おもむろに、「政見の要旨の「新興政治勢力結成の内容」を読み始めました。「私が解散したときと同じようなことだ」といっていました。

新興政治勢力の結成へ‼（政見の要旨）

「突如断行《とつじょだんこう》された今回《こんかい》の解散《かいさん》に對して周章狼狽《しゅうしょうろうばい》色を失った既成政黨《きせいせいとう》は『抜打的解散《ぬきうちてきかいさん》は憲政《けんせい》の常道《じょうどう》に反《はん》する非立憲的《ひりっけんてき》な態度《たいど》である』とか又『與黨《よとう》を持たざる政府が解散を強行《きょうこう》する事は不合理である』とか、或《あるい》は又、『今回の総選挙《そうせんきょ》ははっきりとした政策上《せいさくじょう》の目標《もくひょう》を持《も》たない無意義《むいぎ》な選挙に過《す》ぎない』との盲論《もうろん》を吐《は》いて居るのであります」（原文のまま）※（與黨《よとう》は、与党のこと。一緒に何かする仲間、同調する仲間）

「立候補の御挨拶」の後半部分では、このように語っています。

「私が此度立候補致しましたのは、新興政治勢力を代表する、全国の同志と提携して、眞に國情に即し時勢に適合且《か》つ国民大衆の信頼を贏《か》ち得る新興政黨を作って、国民生活の建直しをしたいからであります」

政見要旨は、以下の項目です。（原文のまま）

1　「總選挙の持つ重大意義」

2　「誠に立脚したる政治とは」

3　「富の偏在は國家の危機を招く」

4　「立憲政治の破壊者は誰か？」

5　「参勤交代と憲政常道論」

6　「昭和維新の達成と防長人の使命」

祖父から見れば、この選挙は、内外のさまざまな問題の上に立った時代認識に対する「根本的覚悟を問う」重大な意味を持つ選挙でした。しかも、祖父の時代認識では、今の世の流れを断ち切るべきで、それができるのは、もちろん軍部主導で動く政府ではなく、「理由なき解散」だと政権を批判する、民政党や政友会などの既成政党でもない、というのです。

つまり、政治というものが国民生活の安定や大衆のよりよい幸せを実現するべきものであるとするならば、軍部主導の政府にしても、その政府を批判するだけで軍部の暴走を止めることのできない既成政党にしても、それを実現することはできない。どちらともに、「財閥特権階級の御先棒」で、国民大衆の利益を忘れているからだ、と主張しています。

「富の偏在は国家の危機を招く」

祖父にとって、そこが何よりの根本で、大企業や財閥ばかりに富が集中している現状を打開するための根本は「誠の力」による政治だと主張しています。

「政治は徳を以て潤ほす事でなくてはなりません。即ち誠の力によるものでなくてはなりません。この誠の力こそ国民を救ひ、国家を安んじせしむる原動力であります」

その実現のためにも、軍部主導の政府にも、既成政党にもおもねない新興勢力の結集と拡大が必要だといっていたのです。その反骨心こそが、安倍寛という政治家の根本だったのでしょう。

そして、社会的弱者や貧者に寄り添うことができたのは、村長を務め、村で暮らす人たちの生活ぶりを見ていたからかもしれません。祖父は、病気と闘いながら、しっかりと地に足がついたところで政治をしていたのです。

初当選

激しい選挙戦のなか、祖父は、自分の地元である日置村にはけっして演説に入ろうとしませんでした。

「おれが日置であいさつをしなければ票を入れてもらえぬようでは、おれはダメだ」といっていたそうです。しかし、まわりから「村民は、先生がお元気かどうか心配しているので……」という言葉に動かされて遊説の途中で日置村に立ち寄りました。演説会場となった日置小学校の講堂には入り切れぬほどの人が押し寄せ、講堂の窓からのぞきこむ人たちの姿もありました。祖父が現れると会場には拍手や歓声が沸き上がり、なかなか鳴りやみませんでした。

やっと静まり返った会場で、開口一番、

「村民のみなさまに、留守中いろいろお世話をかけて厚くお礼申し上げます。お見かけの通り、元気で遊説を続けています。今回は、ここでひとつ、おさらいの意味で一席やることにします」

と話しかけその言葉に会場は笑いに包まれ、それから40分間も語り続けました。壇上から下りて退場するときには、村民からは「万歳万歳」の声が上がりました。

その選挙で、祖父は、みごと初当選を果たします。定数4名の山口県1区で4番目の当選でした。ですが、地元・日置村での得票率はなんと98パーセント。全国で最高の得票率だったのです。

同期には、祖父の盟友となる、のちの総理大臣・三木武夫さん、のちに農林大臣を務める赤城宗徳さんがいました。

ワカメむすびと日本手拭

祖父は衆議院議員となってからもほぼ地元で政務をこなしていましたが、帝国議会が開かれるとなると上京して行きました。そのときにかならず持って行ったのが、ワカメをごはんにまぶして握った、ワカメむすびでした。上京のときだけに限らず、県庁を訪れたり、地元をめぐるときにも持って行っていました。ワカメは大好物だったようです。

ワカメむすびとともに、どこへ行くにも日本手拭、歯ブラシ、歯磨き粉、小型の石鹸箱を風呂敷に包んで提げていました。顔やからだを拭くのは日本手拭だけ。風呂上がりには、日本手拭を水でよく洗ってからまず顔から首までをていねいに拭き、また洗って胸から腰までを洗い、またまた洗って腰から下を拭く。タオルは嫌いで、旅館に泊まっても旅館で用意したタオルは使わなかったようです。

粋なところもあったようで、東京からもどってくると、駅にいた女性や、日置村の女性職員に、

「これはお土産だ」

とポケットから化粧品を出して配ってまわったといいます。

〝アベカン〟跳ぶ

寛が親しくしていた政治家のひとりが、三木武夫元総理大臣でした。

真夜中に、特高警察の目をかいくぐり、三木家を訪れたこともあったといいます。

「腹が減った」

という祖父のために、三木の妻・睦子さんが握った握り飯を食べながら、「戦争を避けるにはどうすればいいか」を三木とともに語り合っていたといいます。

三木家に、親しい代議士たちが集ったときには鶏を下げて持ってきて、自分で羽をむしって捌き、代議士たちにふるまう、「まめな」一面もあったらしいです。

じつは、祖父は人と接することが好きで、地元では「先生ほど会食の好きな人も珍しかった」といわれるほどでした。春とか秋の過ごしやすい季節となると、住んでいた別荘の、芝生が生えそろった広い庭に毛布を敷き、そこで気の置けない人たちと宴会を開きました。その際の料理は、料理人に任せるのではなく、自ら台所に立って料理の腕をふるいました。鯛茶や海老の天ぷらが得意中の得意だったそうです。

同期でのちに農林大臣を務める赤城宗徳さんは、よく一緒に行動している仲でした。赤城さんから見た祖父の印象は、「自分に従って行動する人で、気性の激しい人」。赤城さんと祖父は、「赤城」「安倍」なので五十音順で議席が隣同士でした。その縁で、赤城が、祖父のことを「アベカン」とニックネームで呼ぶほど親しくなったのです。

赤城さんが印象に残っているのは、当選した翌年に近衛内閣が提出した「国家総動員法」が本会議で審議されているときのことです。社会大衆党の西尾末広さんが「ヒトラーのごとく、ムッソリーニのごとく、あるいはスターリンのごとく、確信に満ちた指導者たれ」と近衛文麿総理大臣にエールを送ったのを聞いた祖父は、

「反対！」と叫びました。そして、赤城さんの隣の席から飛び出したのだそうです。何列もの席を乗り越えていき、そして、議長に詰め寄っていきました。

「歩くのがやっとなのに、どこにそんな力があったのかねェ……」とのちに赤城さんが舌を巻くほどの気迫に満ち満ちていました。そんな祖父を、まわりの議員たちは、山口が誇る幕末の志士・高杉晋作になぞらえて「今高杉」と呼んだそうです。

祖父は、息子に「晋」の字をあてるほど高杉晋作も尊敬していましたが、ほかにも、幕末に長州藩の財政を立て直した村田清風、幕末から明治で活躍した人材を育てまさに山口県の精神的支柱ともいうべき吉田松陰を尊敬していました。

同時代の政治家では、「便乗はよしなさい。歴史の動向と取り組みなさい」と呼びかけ、東條内閣と真っ向から対決した中野正剛さん。

「中野ほどの大人物はまずない。中野こそ真の政治家である」

敬意を表していました。

そして、政治家としての資格について、こう語ったといいます。

「政治家は10年20年の先が見えてこそ国を背負う資格がある。目先で国政を論じ国民にアピールするやつは政治家ではない」

翼賛選挙

初当選から5年後の昭和17（1942）年4月、二度目の選挙に臨みます。いわゆる、翼賛選挙です。軍部の暴走は止まらず、状況はますます悪化していました。中国大陸での戦線は混迷を深め、そのうえ、前年の昭和16（1941）年12月にはついにアメリカと太平洋戦争に突入していきました。

中央政界もすでに軍部に握られていました。既成政党は昭和15（1940）年に自発的に解散し大政翼賛会に組み込まれていました。大政翼賛会参加に積極的だった議員は翼賛議員連盟を結成していました。そこに向けて、東條英機総理大臣は、議会を完全に操縦しようとしていたのです。貴族院衆議院，大政翼賛会，財界，帝国在郷軍人会，言論界などの代表者からなる翼賛政治体制協議会をつくり、道府県にはその支部を設置しました。国家挙げての候補者推薦制を設けたのです。推薦された候補者たちは翼賛政治体制協議会や翼賛壮年団による支援が受けられるだけでなく、国から選挙資金を交付されました。その名目はなんと「臨時軍事費」でした。

逆に、この制度に反対した候補者は推薦もされず、選挙資金も交付されません。推薦されなかったのは、鳩山一郎，斎藤隆夫らの同交会、中野正剛の東方会など467名。立候補者1079名のうちのおよそ半数でした。もちろん、祖父もそのなかにいました。

「推薦するとか、しないとかいってから、投票するなんて間違っている」

祖父は盟友の三木武夫に憤りをぶちまけていました。しかし、翼賛政治体制協議会から推薦されないということは致命的な打撃なのは事実でした。有力な政治家のなかには立候補を断念する者さえいました。祖父も、この選挙に出馬することに意味があるのかどうか、迷いに迷ったのでしょう。「今回立候補は止めようかと思う」と支援者のひとりに、不出馬をほのめかしたこともあったといいます。

ただ、祖父は、地元の人たちから多大な支援を受けていました。もともとの支援者たちだけでなく、本来ならば翼賛政治体制協議会の推薦者を応援するはずの壮年団にも密かに祖父を応援する人がいましたし、演説の許可を得るために駐在所に届け出に行くと「頑張って」と巡査から声をかけられました。地元のひとりの女性は、祖父の当選を祈って、地元の八坂神社で毎日水ごりを続けていました。

祖父は、地元のあつい声援を受けて立ちました。

秘書役だった山田義雄さんが新聞社の取材に応じて当時のことを語っています。

「それは演説の言葉一つひとつに神経を使ったものですよ。何しろ、〝私服〟（特高警察）が演説のその場で検束しようと構えていたのだから」

「大東亜築く力だ　この一票」と国策である大東亜共栄圏を実現する体制づくりの選挙に対して、祖父は「否」を突き付け続けました。つねに特高警察に監視され、私たちの父も選挙事務所に寄ると、しつこい尋問を繰り返し受けたといいます。

この翼賛選挙では、当選者のうちおよそ82パーセントが国家的な推薦を受けた候補者でした。議席数466名中の381名。非推薦での当選者はおよそ18パーセントの85名。東條内閣の独裁体制は揺るぎないものになってしまいました。

祖父は、この苦しい選挙に打ち勝ちました。第4位ながらも当選を果たしたのです。

当選直後、大政翼賛会の大物議員から寛宛に電報為替が送られてきたそうです。その額は3000円。今の価値でいえば、1000万円だそうです。

「非推薦を選んだのだから。もらうわけにはいかない。返してこい」と祖父は、父に命じました。(『いざや承け継がなん』木立眞行著、行政問題研究所)

戦時下の国会では、祖父ら非推薦議員は、質問や発言の機会がほとんどありませんでした。

余談ですが、田中角栄内閣の副総理だった三木武夫さんは、内閣のひとりに名をつらねながらも、田中角栄時代の選挙を「金権選挙だ」と批判し、「金と権力による選挙は、議会政治を根底から揺るがす」と警鐘を鳴らし続けていました。このようなときにだからこそ、あらためて権力におもねることのなかった盟友を偲ぶことに、三木さんは大いなる意味を感じていたのでしょう。昭和49(1974)年6月28日、参議院選挙の最中、三木さんは、盟友・安倍寛の墓まいりに訪れています。

「自分で、正しいと信じることは正しい、で押した。無理して人のご機嫌をとったりはしなかったのだ。権力に迎合せず、この1本を貫いている人だった。だから、僕は、あのとき、墓まいりをしたのだ」と三木さんは、振り返っています。(毎日新聞1986年1月23日「ニューリーダー10」）

早すぎる死

その間にも、祖父の体調は悪くなる一方でしたが、中国大陸に二度、タイ、インドシナ半島東部の当時フランス領インドシナと呼ばれた地域に赴きました。皇軍慰問という名目での視察でした。祖父の支援者たちは、無事に帰って来られるのかどうか心配するほどでした。実際、インドシナ半島は体力に自信のあるものでさえも悲鳴を上げるほどの過酷な環境だったようです。支援者たちの不安をよそに、たくさんの革製品を土産に抱えて帰ってきたそうです。よくもそれだけの荷物を運んだものだと、迎えた一同は舌を巻いたといいます。

ですが、この現地視察で、日本が戦争に負けることを、祖父は確信していました。国政に携わる者の責任をひしひしと感じ、どのように政治家として動けばいいのかを考えていたのでしょう。そのようななか、驚くべき報せが飛び込んできます。もっとも尊敬する政治家・中野正剛さんが割腹自殺を遂げたのです。昭和18（1943）年10月27日のことでした。

「おれは日本を見ながら成仏する。悲しんでくれるな」

遺書にはそう書かれていたといいます。

万事休す。中野さんの死は、祖父にそう思わせるほどの衝撃だったといいます。

祖父は、まわりの支援者には、「日本が勝ってもあとが大変だが負けてもなお大変」とたびたび漏らしていました。

昭和19年10月、父・晋太郎は海軍滋賀航空隊に徴兵されて、昭和20年初春に、「どうせ散るなら、華々しく散りたい」と特攻に志願したところ、「家族に別離を告げてこい」といわれ、実家に帰郷しました。

そのとき祖父は「この戦争は負けるかもしれない。敗戦後の日本には若い力が必要となる。無駄な死に方はするな」と父を諭したそうです。

祖父は、その後滋賀県大津の滋賀航空隊を訪れています。親戚の木村義雄さんはこう語っています。

「寛さんは、病身をおして、リュックサックをかつぎ、滋賀航空隊に行きましてのう。行きも帰りもわが家に寄ってました。雪の降る寒い日だった。帰ってきてから病気がぶり返した。晋太郎さんが死ぬると思っちょったから出かけたんしょ。やはり、親子ですのう」(『いざや承け継がなん』)

祖父がこの世を去ったのは、昭和21（1946）年1月30日のことでした。国民を縛りつけた戦争が終わってまだ半年も経っていないころで、戦後初の総選挙の準備を進めていた祖父にとっては、これから自分の政治ができると期待したときだったのでしょう。

ですが、その時間がないことも、悟っていました。

「わしは、もう長くない」

この世を去るその少し前に、秘書の山田義雄さんにぽつりと漏らしたようです。そして、これまでの自分の生い立ちを語りはじめました。そして、話し終えると、

「多くの人から好意を寄せていただいた。が、それに報いるだけの命が残っていない」

無念そうに語ったといいます。

祖父の反骨的な生き様は、父に受け継がれました。私や晋三には、父の背中を通じて、祖父・寛の反骨精神が受け継がれているのです。

その精神は、岸信介に影響をおよぼしたかもしれません。祖父・信介はとても合理的な考えの持ち主で進取の気性に富んでいました。祖父・寛を讃えた七言絶句の漢詩が残っています。

政界当年才出群
惜哉中道去乗雲
不図連戚盡家国
危局如今偏憶君

「今の政界において、その才能は群を抜いている
惜しいかな　道半ばで　雲に乗って去った
図らずも親戚となって　国家のためにつくしてきた
今の難局を見るにつけ　ひとえに君を思い偲ぶことではある」

祖父・信介が揮毫したのは寛の十三回忌、亡くなって12年後の昭和33（1958）年のことです。祖父はそのころ総理大臣として、日本が真の独立を勝ち取るために内政、外交で奔走していました。ひと筋縄では前に進まない困難な政局でした。だからこそ、安倍寛という才長けた政治家のことを思い出したのでしょう。もともと顔見知りであったこともあって、ふたりは日本が敗戦に向けて追い詰められていた昭和19（1944）年の秋に会っています。そのころ、

東條英機と袂を分かち野に下って山口県内を遊説していた祖父・信介が、安倍家を訪ねたのでした。あくまでもお見舞いだったのですが、ふたりは、これからの日本について語り合ったのかもしれません。

じつは、両親の結婚式で祖父は父のことを「安倍家にこんな立派な子どもがいたとは寛氏とあれだけ懇意にしていたがまったく知らなかった」と結婚披露宴で山田義雄さんに語っています。

第4章　祖父・岸信介を語る

少年時代の信介に影響を与えた人たち

「昭和の妖怪」「巨魁」「権勢の政治家」……、私たち兄弟の母方の祖父・岸信介について、これまで世間が形容してきた言葉の多くは、魑魅魍魎の跋扈する政治の世界を、戦前から戦中、戦後としたたかに生き抜いた、老獪な政治家をイメージさせるものです。

戦前は官僚として満州国の経営に携わり、東條英機内閣のもとで商工大臣を務めた祖父は、戦後、A級戦犯容疑者として巣鴨プリズンに3年間抑留されながらも、不起訴となり釈放されます。その後、公職追放が解かれ政界に復帰するやいなや、政界再編・保守合同に身を挺し、その完成形として誕生した自由民主党の初代幹事長、総裁、外務大臣、さらには内閣総理大臣へと、政治の表舞台を一気に登りつめていきました。強い信念を貫いて60年安保改定を強行し、憲法改正に奔走しました。政治家人生の中で、マスコミや評論家などが、岸信介のことを権謀術数に長けた人物だと評しました。

岸信介に関する書籍は、本人の回顧録もふくめてそれこそ何冊も出版されています。政治家として、人々の興味の対象となる話題に、終生事欠かない人物であったことは私も認めるところです。

それでも孫の私たちにとって岸信介は、「好々爺」という表現がぴったりの、いつ会ってもやさしい笑顔の祖父であり、本人のモットーは、「頭はいつも使って、心はいつも和やかなことを思う」で、おだやかで温かな面を持ち合わせた人でもありました。

この章では、私たち家族や周辺の関係者が間近に見ていた、祖父・岸信介のことを少しでもお伝えできればと思います。

岸信介は、明治29（1896）年11月13日、山口県吉敷郡山口町（現・山口市）で生を享けました。父・佐藤秀助と母・茂世との間には3男7女の子があり、信介は次男です。内閣総理大臣を3期務めた佐藤栄作は、実弟（3男）にあたります。

秀助は、もともと岸家の生まれですが、田布施にある佐藤家の茂世と結婚し、佐藤家の養子になりました。そして、息子の信介は、中学卒業の年に父秀助の実家、岸家の伯父・信政の養子となり、信政の娘・良子（父方の従妹）と結婚。「岸信介」に改姓するのです。昔のことなので込み入った縁組です。

この佐藤家の長女・茂世という人は、血気盛んで才知もある相当な女傑であったようです。茂世の祖父・佐藤信寛（岸信介の曾祖父）は、佐藤家3代目当主。吉田松陰に軍学を教えたこともある毛利家御内用掛《ごないようがかり》書調役《かきとめやく》の武士で、島根県令（現在の知事）も務めていた人物ですが、茂世をとてもかわいがり、「茂世は、佐藤家に残す」と、同じ田布施の士族であった岸家から秀助を養子に迎え入れて、佐藤分家として独立させたのです。信寛は、祖父の言葉でいう「佐藤家の歴史においてはもっとも傑出した人であった」ようで、伊藤博文、井上馨、木戸孝允、宍戸璣《たまき》ら長州閥の錚々たる人たちとも交流がありました。明治23（1890）年、田布施町にあった信寛の別荘を訪ねた伊藤博文は、その帰路、「訪佐藤信寛別業」という題名の詩を残しています。

茂世は、父・信彦（信介の祖父）が早くに亡くなったこともあり、弟妹たちの面倒も見ながら、なんとか家計をやりくりして、10人の子どもたちへの教育に専心したといいます。大変なスパルタ教育で、しつけもとても厳しかったようです。女の子はみな、女学校へ上がり、長男は海軍兵学校、下のふたりは東大へ進みました。その時代、男女に関係なく、子どもたち全員にお金を惜しまず教育を授けるというのは、非常に稀なことだったと思います。この佐藤家の教育に対する並々ならぬ意気込み、教育環境が、岸信介と佐藤栄作というふたりの内閣総理大臣を、兄弟で世に送り出したことに深く影響していることはたしかでしょう。

祖父は晩年、「曽祖父（信寛）や坪井久右衛門（曽祖父の叔父）ばかりでなく、母（茂世）にしても松介叔父（母の弟）にしても、それぞれすぐれた政治的才能を授かっていたと思う」と回想しています。とりわけ信寛に対しての尊敬とあこがれの念は強かったようで、祖父が、自分の名前から一字をとって「信介」と名付けてくれたことを誇りに思っていました。
ただし信寛は、信介がまだ幼いころに亡くなります。実質的に、少年時代の祖父を援助し、熱心に高い教育を授けてくれたのは、茂世の弟である叔父の佐藤松介でした。松介は、岸の祖父・信彦夫妻の長男として佐藤本家を継いだ人物で、東京帝国大学（現・東京大学）や留学先のドイツで医学を学び、岡山医学専門学校（のちの岡山医科大学、現・岡山大学）の教授となった産婦人科医です。妻は、外務大臣・松岡洋右の妹・藤枝で、ふたりの長女・寛子は、のちの佐藤栄作夫人です。つまり、娘ふたりしかいなかった佐藤本家を長女の寛子が継承するため、佐藤分家の信介の実弟である栄作が、従姉妹にあたる寛子と結婚し、松介の婿養子となったわけです。

岡山に居を構えた松介は、信介を岡山の小学校へ転校させ、当時俊秀が多く集っていた岡山中学へ進学させました。勉学はもちろんのこと、病弱であった信介の体力づくりにも気を配り、スポーツも奨励したといいます。私は、祖父の影響を受けて、釣りが一番の趣味となったのですが、祖父に釣りの手ほどきをしたのは、そもそもこの松介だったようです。残念ながら松介は、明治43（1910）年、信介が中学2年のときに、わずか35歳で肺病に罹り早逝してしまいます。

祖父が生涯を通じて、器量が大きく才覚があったという叔父・松介のことを、思慕していたことは間違いありません。松介の死後、信介は、山口中学へ転校し終始首席を通し、第一高等学校から東京帝国大学法学部に進んでからも、つねにトップの成績を争いました。のちに東京大学の名誉教授になられた我妻栄さんがライバルでした。官界に入ったあとも出世の道を登っていった背景には、叔父・松介の期待に応えよう、という想いが強かったことがあるのではないでしょうか。

岸信介刺される

昭和35（1960）年7月14日、祖父は、背後から走り寄ってきたひとりの暴漢（右翼団体大化會所属の荒牧退助）に襲われ、左太腿を何カ所もナイフで刺される大ケガを負いました。その夏、内閣退陣を表明した祖父のあとを継ぐ自民党総裁を選ぶ選挙が行われ、決選投票までもつれたのちに、池田勇人さんが新総裁の座に就いた日のことです。首相官邸中庭で、新総裁就任を祝うレセプションが行われている最中の出来事でした。

9カ所くらい刺されたでしょうか。祖父はすぐに、赤坂の前田外科病院に運ばれて行きました。その後、刺されたときの靴やズボンが南平台の家に届いて、書生さんが靴を磨いている姿を見たのですが、血がべったりとへばりついていました。私は、何が起きたのか知らなくて「どういうこと?」と聞くと、「先生が刺されたときの血だ」というのです。びっくりしました。それから祖母（良子）と祖父の妹、母と一緒に病院へ行ったら、祖父は意外と元気な様子で安心しましたけれど。祖母は思わず、「あなた、なんでそんなに何度も刺されるまで我慢して黙っていたの」と何度も口走っていましたが、当の本人は、「これくらいですんでよかったよ」とケロリとしたものでした。レセプション会場から出てきたときの一瞬の出来事で、祖父ははじめ、ボーイさんに熱いお湯か何かをこぼされて、火傷したのかと思ったようです。

相当出血しましたが、大動脈をわずかに逸れていたので、致命傷にはならずにすんだようです。もし、大動脈に当たっていたら、命を落としていただろうともいわれています。祖父が強運の持ち主だったのか、そのように仕向けられたのかはわかりません。

吉田元総理以降首相4代の警備を担当していた荒井喜平警部補は、小柄でピストルの名手でしたが、当日、犯人は党に出入りし、党大会参加章をつけていたので、見逃してしまい責任を感じていたそうです。ですが事件後も祖父と祖母は、信頼をおいていました。父・晋太郎も荒井さんは、責任外の不可抗力だと当時の読売新聞（35年7月17日）で語っています。

当時は、政治家が刺される事件が結構ありました。この60年安保の年は、6月に社会党の河上丈太郎が衆議院の面会室で刺され、私の祖父の事件があり、10月には日比谷公会堂で行われた立会演説会の壇上で、社会党の浅沼稲次郎委員長が刺殺されるなど、凶悪な事件が続きました。浅沼さんは亡くなられましたから、祖父だってどうなっていたかわかりません。私は、運も味方してくれたと感じています。

今振り返ってみると、いろいろな考え方がありそれなりに思想の違いはあれど、あの時代の人たちはみな、世の中をよくしようと真剣に考えて行動していたように思います。なかには過激な行動もありましたが、その分、社会全体に緊張感があったというか、今の時代と比べると隔世の感は否めません。物質的に豊かになったこともあるのでしょう。〝平和ボケ〟ともいえますが、政治が云々という空気は、今の若者たちの間にはほぼ皆無といっていいでしょう。

話はもどりますが、刺されたときも、祖父本人がもっとも慌てず騒がずという状態だったようです。祖父には、このように肝の据わったところがありました。母が後年聞いた話によれば、生涯に3回死を覚悟したことがあるといっていたそうです。

1回目は、戦前、東條英機首相と対決したときです。サイパン島作戦をめぐり対立した祖父は、首相が強要する辞職勧告を最後まで拒絶し、最終的には閣内不統一によって東條内閣を総辞職に追い込みます。当時はかなり東京憲兵隊に付け回されたようですが、ある日、憲兵隊長が大臣官邸に直談判に押しかけ、祖父に軍刀を突き付け「東條首相が右向け右といえば右、閣僚はそれに従うべきでは」と恫喝したのです。それに対し、祖父はいっさいひるむことなく、「黙れ、兵隊！　何をいうか。日本において右向け右、左向け左という力を持っているのは、天皇陛下だけではないか。下がれ！」と一喝して追い返したそうです。

2回目はA級戦犯容疑者として巣鴨プリズンに収監されていたときです。3年以上もの間、いつ起訴されるか、いつ尋問に呼び出されるかという不安に苛まれ、つねに死と隣り合わせの状況のなかで、祖父は、強い精神力を持って生き延びたのでした。

3回目は、60年安保改正を強行採決した国会を開いたときです。昭和35（1960）年5月19日から20日未明にかけて、祖父は、新安保条約（日米相互協力及び安全保障条約）の国会承認手続きぎりぎりのタイミングで、国会の会期延長と新安保条約の強行採決に踏み切りました。新条約反対運動のデモ隊が国会や南平台の家を包囲し、岸内閣退陣を求める声は日増しに強くなっていきました。今では想像がつきませんが、警官500人を国会に呼び込まざるを得ない異常事態でした。新条約が自然承認される6月19日の夜は、弟の佐藤栄作と首相官邸に詰めていた祖父。

「命の危険があるが守りきれない。どこかへ逃げてほしい」と警視総監からいわれていた祖父は、「安保改定が実現されれば、たとえ殺されてもかまわない」と腹を決め、「兄貴をひとりで置くわけにはいかない」と栄作が残り、ふたりで籠城することになったと本人は語っています。「兄さん、ブランデーでもやりましょうや」と栄作が持参したブランデーをちびちび舐めながら、午前零時を今か今かと待ったといいます。

死を覚悟したときの話を聞くと、身震いするような気持ちにもなりますが、私にとって祖父は、あくまでもやさしくて大好きな「おじいさん」でありました。

祖父が刺された夏、成蹊学園の夏の学校で箱根に行ったとき、お土産を買って、入院中の祖父を見舞って直接手渡したことを覚えています。ベッドのなかでとても喜んでくれました。身を削るような毎日を送るなかで、孫との触れ合いが一番の慰めになったのはたしかでしょう。特異な経験を重ねてきた祖父ではありましたが、別の顔ももちろん持ち合わせていたのです。

気さくな一面もあった祖父

昭和32（1957）年、岸信介が総理大臣になったときに住んでいたのは、渋谷の南平台に建つ純和風の日本家屋です。総理になってからも、永田町の官邸には移りませんでした。庭には池もある大きな家ではありましたが、スペースは限られていました。隣家は、女優の高峰三枝子さんの夫（実業家・鈴木健之）が所有していて、500坪ほどの敷地に広い庭が広がる洋館の邸宅でした。祖父は、お客様を招く機会が増えてくることも考え、その洋館を買い上げ、2軒合わせて公邸とし、会合や記者会見なども行っていました。ゲストハウスとしてお客様を招待するのにも都合のいい家だったので、迎賓館としての役割も果たしました。

この南平台の家が、60年安保のときには、押し寄せるデモ隊に周囲を取り巻かれ、石やゴミなどを投げ込まれた家です。母がいうには、石ころを新聞紙で包んでねじり、火をつけて放り込まれたりしたそうです。物騒な話ですが、幸い、デモ隊の人たちもマスコミも、家の裏口に通ずる細長い路地の存在には気づいていませんでした。なので、そのころ私たちは世田谷の代沢に住んでいたのですが、そんな大騒動の最中にも、母は、私や弟を連れて、何食わぬ顔をして祖父の家に出入りしていました。私たちが訪れると、祖父は相好を崩して迎えてくれ、一緒に鬼ごっこをしたりして遊んでくれたものです。外では、「安保、反対！」とシュプレヒコールが響き渡っていたというのに、ふだんと変わらない風景でした。

私たちが小学校5年生と3年生のときだったか、学校の運動会に、祖父が前触れもなく、ふらっと登場したお話はしました。「元総理大臣の岸信介が来た！」と、それはもう大変なことになってしまいました。学校の生徒から父兄から先生方まで、みなさん、祖父の姿をひと目見ようと集まってきて、サインをしてくれと大騒ぎ。学園長も、突然のことでどうしていいのやらと慌てていらっしゃいました。そのころは、すでに総理大臣は引退していましたし、おそらく警備の人もいなかったのではと思います。祖父はそんなことも気にせず、ただただ、孫の姿を見たい一心でやってきたのでしょう。そんな気さくな面もありました。

昔の写真を見ると、ソファーに座り私たち孫を膝に抱いて、にこやかに笑っているものが何枚も残っています。列車のなかの祖父と私や晋三が写る写真は、箱根に旅行をしているときのものでしょう。公の場では厳しい表情をすることが多かった祖父の、家族団らんのひとコマは私たちにとっては日常のことでした。

昭和33（1958）年に、祖父は熱海に別荘を建てたので、その家にもよく遊びに行きました。政界を引退すると、東京の煩わしさから逃れて、終の棲家として御殿場の東山に家を建て、昭和45（1970）年、73歳のときに移り住みました。はじめのころは、まだ東名高速自動車道がなかったので、移動に時間がかかりましたが、その後、首都高速道路とつながるようになり便利になったので、大きくなってからも、暇を見つけてはちょくちょく顔を出したものです。

祖父が晩年を過ごすために造ったこの邸宅は、敷地面積5669・175平方メートル、延床面積566・66平方メートルの2階建て。建物は昭和を代表する建築家吉田五十八、庭園の造営はホテルニューオータニの日本庭園を手掛けた岩城亘太郎です。祖父は、この別邸に越してから亡くなるまでの17年間、ここから毎日、西新橋の事務所まで通っていました。平成15（2003）年、母が御殿場市に寄贈し、平成27（2015）年からは、「東山旧岸邸」として一般公開もされています。

意外な素顔「仏の岸」

祖父のそばで、最期まで身のまわりの世話をし続けてくれた岡嶋慶子さんは、祖父はもちろんのこと、私たち兄弟、そして母・洋子にとってもかけがえのない人です。祖父が亡くなったあと、母に請われて安倍家のお手伝いさんになってくれて、今でも、安倍家に住み込み、母や私たちの面倒を見てくれています。岡嶋さんに、祖父と実際に会って話をしていたころの祖父の印象を尋ねると、「とてもやさしい方でしたよ」という言葉が返ってきます。

私の知らない祖父にまつわる昔の話を、ここからしばらく岡嶋さんの言葉を借りて、少しお話しましょう。

私は、縁があって、高校を卒業してすぐに、岸家にお手伝いさんとして入ったのですが、同じ山口県出身ということもあって、岸先生のことをとても尊敬していました。それは終始一貫変わりません。テレビで国会中継を観ていますと、ヤジが飛ぶわけですね。それでもちっとも動じなくて、パッと受け答えをなさる。その姿をずっと観ていて、私は子どもでしたけれど、立派だなと思いました。実際に家でお会いしていても、素晴らしい方、とてもやさしい方でした。

岸先生のことを暴漢が襲った事件がありましたね。そのときも、「刺した家族を面倒見なくてはいけないから、探してくれ」と秘書に頼まれたそうです。当時の秘書はびっくりして、「なぜ、そんな自分を刺した人の家族をわざわざ探すんですか？　面倒を見る必要はないのでは」と聞いたところ、「そういうものじゃないんだ」といわれたそうです。そのとき、岸を刺したら、お前の家族の面倒を見てやるという裏工作があったみたいですね、その人。でも、その人は逮捕されてしまい、口約束が守られず、家族の面倒を見られなくなっているわけですよ。岸先生っていうのは、そんなやさしい方だったということを、私は秘書から直接聞きました。そういう話をうかがって、あらためて素晴らしいなと感動しました。みなさん、怖いとかなんとかいろいろなことを、悪口をいわれる方もいらっしゃいますが、裏では〝仏の岸〟と呼ばれていたという話も聞きましたよ。

先生が刺されたとき、第一秘書だった中村長芳さん（のちのロッテオリオンズ等プロ野球チームのオーナー）は、廊下で異変に気がついて、荒牧退助に向かって「刺すならおれを刺せ」と叫んで矢面に立とうとしたそうです。

その後中村さんが、ロッテからライオンズのオーナーに代わる際、世間から叩かれたことがあったんですね。でも先生は、いつも中村さんをかばっていらっしゃった。本人の前ではひと言もいわないけれど、私には、こんなことをおっしゃっていました。

「彼は、命を張って自分の身代わりになろうとしてくれた人だ。誰にでもできることではない。人にはそれぞれ事情があったりもする。それを知らない人は、ある一面だけを見て悪口ばかりいう。でも、その裏で、命がけで人を守ろうとしてくれたという面もある。それがあったからこれまで何があっても許してきたし、彼のおかげさまという感謝の気持ちはいつも忘れていないよ」

小学校時代に、同級生の子の帯を取っていじめたという話があって。よくみながらいじめられる子っていますよね。貧しいので学校にもあまり来られなくて、格好もみすぼらしかったその子をみんなで待ち伏せして、帯を引き抜いて取り上げて捨ててしまった。昔は着物ですからね。学校に来ない制裁としてやったと、先生も本に書き残していますけれど。そうしたら、翌日、わらでこさえた縄を締めて来たそうです。しばらくして、その子は、お父様が急死されて、どこかへ引っ越して行ってしまったので、それきりになっていたんですね。総理になられても何をしていても、ずっとそれが心に残っていたそうです。お会いしたらお詫びをしなきゃいけないという気持ちがずっとあったとお聞きしました。

それをあるとき、何かの雑誌に、こんな悪いことをしたが会いたいといったことを書かれたわけですね。そうしたら、京都にいたある代議士の方が探してくれて、何十年ぶりかに見つけ出されたわけです。その方は、京都のあるお寺で住職になっていらしたのです。「会って何かお礼をしたい、お詫びをしたい」とその方にいったら、「うちの檀家に、自分が岸と同級生だったということを信じてもらえないのです。どうか先生、檀家の前で、自分は同級生だったと話していただけませんか」ということで、先生はその寺を訪ねてお話をなさったのです。かれこれ50年ちかく経っていましたけれど親しくお話をされて、帰られたとき、良子奥様にその話をしていらした。私もそれをうかがって、「懐かしい出会いになり、よかったですね」と声をかけたのを覚えています。それからは、毎年会いに行っていらしたのですけど、3年目くらいにしょぼんとしてお帰りになられたのです。奥様がお聞きになったら、その方が交通事故で亡くなられたのだそうです。本人は残念がっていましたが、でも一応御恩返しはなさった。素晴らしいお話ですよね。その後何年か経ってその話を誰かにしましたら、その方のお友達のお父さんがその代議士さんだったのです。その話、「私の父が探したのです」と聞いて、感慨深いものがありました。

このエピソードといい、自分を刺した人のことでも面倒を見なくてはいけないという話といい、岸先生は、大きな心を持った素晴らしい方でした。ふつうの人でしたらなかなかできないと思いますよ。だからこそ、大きな仕事も成し遂げられたのではないでしょうか。

祖父と交友した方々の思い出

そういう立派な方にずっとお仕えしてきたので、そのまわりにいらっしゃる素晴らしい方々にもたくさんお会いすることができました。やっぱりそういう方たちは、それぞれどの方も素晴らしいものを持っていらっしゃる。歴代の総理大臣にも、みなさんお会いしましたけれども。私の印象に残っている限りでは、岸先生がとても尊敬していらした吉田茂先生は、特に素晴らしい方だなと思いました。

南平台の家は、門から家の入口まで50メートルくらい小高い坂になっていましてね。そこを吉田先生は、車でけっしてお入りになりません。あのころはすでにお年だったと思うのですが、門から歩いて来られるのです。お供の人に、マロングラッセか何かをいつも焼かせて持って来られるわけです。チャイムがピンポンと鳴って、うちの若いお手伝いさんが、吉田さんっていう方がいらしてますって。知らない人もいるんですね。「あっ」といって、私が応対したのですが、ちょうどお出かけでした。ドアを開けましても、吉田先生は岸先生がお留守だと家には絶対にお入りにならない。お供の方が、お土産を持ってお入りになって、これはこうでと説明しているのを、その後ろで離れてお聞きになっていらして。もう素晴らしいお行儀というのでしょうか、礼儀正しい方でしたね。後日、ある方に、吉田先生は、私も1国民なので、そんな車を乗り入れるほどのことはないといって歩かれたと聞きました。本当に歩いて来られて、歩いて帰られました。寒い時期でしたが、お車で帰られるとき、窓を開けられました。私もまだ若かったのですが、ちゃんとお辞儀をなさって。本当に頭が下がる思いです。勉強させていただきました。大事なことですので、一生忘れません。

その後、お留守のときにいらしてくださったというので、熱海の別荘の帰りでしたか、岸ご夫妻が大磯の吉田邸に、お礼をしに寄られたのを覚えています。私も一緒でしたので。そうしたら、吉田先生はバラがお好きで、庭にバラ園があって。道の両側に咲き誇るバラがそれは素晴らしかったです。岸先生は、何かあれば、かならず大磯までお礼に行っていらっしゃいました。

こんなこともありました。昭和46（1971）年、当時のサウジアラビアの王様（ファサイル国王）が、はじめて日本にいらしたときのことです。先生が、御殿場の家にご招待したのです。王様はもちろんのことお供の方々も、みなさん色とりどりの民族衣装をまとっていて、それがまた素晴らしくて。その前の日が大雨だったので、先生が、「てるてる坊主」をつくられたのです。自分の大好きな盆栽にかけられて。そのおかげか、当日はなんとか晴れたんですね。そして、サウジアラビアはお水がない国だからと、庭に滝をつくって、水を流されました。王様はとても驚かれて、「庭に、水が流れていて素晴らしい」と感嘆されました。ちょうどそのとき、富士山もうっすら見えて、もう大喜びで帰られたことを覚えています。その後、盆栽にかけてある「てるてる坊主」を、誰が貰うかということで、みんなでじゃんけんしてわいわいやっていましたね。滅多にないことだったので、素晴らしい思い出ですね。

王様は腸の調子が悪いか何かで、向こうから大勢のコックを連れて来られました。スーツケースに、食べられるものをすべて詰め込んで来られました。それで「テーブルを貸してください」というのです。ホテルの方がみんなで台所を占領していたのですが、イスラム圏では、女性が一緒にいてはいけません。王様のためにテーブルを別の場所に用意して。そこでスーツケースをバチって開けたら、お皿から何から全部入っているわけです。オートミールのようなものが入ってましたが、コックさんは果物を忘れて来られました。それで「何か果物ありませんか」といわれたので、それはもう日本一のものでなければいけないと。ホテルの人が、「これはどうでしょう」と何かの果物を見せたら、「それはダメです。みなさんに出すようなものじゃいけない」といわれるんです。そこへ、千疋屋の見たこともないような、特別にあつらえたとても大きな籠のなかにメロンが10個くらい入っていました。私が、「これが、ナンバーワン」とお見せしたら、ＯＫが出ました。ようやくそのメロンをお台所で洗おうとしたら、みんなと一緒のところで王様が食べられるものを絶対に処理してはいけないというわけですよ。じゃあわかりましたといって別にある洗面所で洗いました。

アラブの王様だから、本来は全然女性とは会わないんですね。会ってくれない。だから、良子奥様もほとんど会えなかったと思います。玄関であいさつだけして、もうそれっきり。いっさい女性は出てはいけないようですね。私は特別に出させてもらいました。裏の仕事をしないといけないので。裏でも本当はいけないんだそうですね。お供の人が何十人って来るわけですよ。だからお座敷から何からいろいろな場所で、みんなに食事を出して。本当にまるで映画のような世界でした。素晴らしかったです。後にも先にもそういうのはないです。この1回だけでした。それからご一行様は、箱根に出かけられました。そんなことが、何十年も大昔にありました。まだまだいろんな方のエピソードがたくさんありますが、みな様それぞれ、素晴らしい光るものをお持ちの方々でした。

総理大臣をお辞めになり、熱海から御殿場に移ってからも、さまざまな方が先生を訪ねていらっしゃいました。楽しいお話はたくさんあります。悪いことばかりではありませんよね。

先生は、御殿場から西新橋の事務所まで、毎日、1時間半かけて通っていました。毎日往復3時間。歳を重ねてしまうと、なかなかそこまでできるものではありません。正直、感服しました。お風邪を引かれて倒れられ病院に入られて、そのまま最期、90歳で亡くなられたのですが、直前まで、お仕事をなさっていました。私が思うに、仕事は何歳までしたら辞めると決まっているわけではないですよね。最後まで仕事があったら、したほうがいいと思います。年を取ったら仕事を辞めて悠々自適で…、というのはもう昔の話ですよ。

仕事についての考えは、洋子奥様からも聞いています。良子奥様も一緒に先生方みなさんで、たしかアラスカへ旅行なさったときです。洋子奥様も付いて行かれたのではないかしら？　そのとき向こうで、ビックリするような大金持ちの方と会って、もう結構なお年なんだけれども、「あなたお仕事は？」と聞いたら、「私は生きている限り仕事をします」とおっしゃっていたという。そのころはもう80歳くらいで、でも自分で運転して仕事をしていらした。それをご覧になった良子奥様が、「素晴らしい。向こうの人は、いくつになっても仕事は続けるというあの考え方はすごいね」とおっしゃって。私は、その言葉をうかがって感心しました。良子奥様のお考えもすごい。明治の方はやはり全然違います。物の考え方が斬新で、みなさん、全般的に素晴らしいと感じます。今の人には失礼かもしれませんが、比べものにならない。女性の考え方も進歩的で、そこは学ぶべきだと思います。日本人は、もう少し昔の書物を読んだほうがいいかもしれませんね。そんなさまざまなことを、岸先生しかり、奥様の良子様にも勉強させていただきました。

中村長芳さんではないですが、政治家の家に勤めるというのは、それ相応の覚悟を持って臨むべきだと思います。私も岸家に入るときに、父から「二・二六事件を知っているか?」と聞かれ「はい」と答えたら、「その覚悟があるなら行っていい」と出してくれました。両親も、命があってもどってくるとは思っていない。そんな時代でした。国を思う、政治を考える、そういう気持ちがないと、政治家の家には勤められなかったと思います。私も、〝お手伝いさん〟という気軽な思いではなく、日々勉強だと思って働いてきました。「何かあったら、どのようにしてご夫婦を守ればいいだろう」。毎日、緊張感があったから、ここまで来られたと思います。

書を愛し趣味人でもあった祖父

祖父・信介は、満州時代から書をたしなみ、生涯多くの書を残しています。方々から頼まれた軸や色紙に、いつも筆を走らせていました。晩年、大好きな書の世界に、ますます没入していく姿を私も見ていました。

車に乗って移動している最中ですら、膝を曲げて一生懸命字を書いていた祖父ですが、ポケットにはいつも、小さな漢文の本を入れていました。満州時代に、そうとう勉強したと聞いていますが、500以上の漢詩を諳んじていて、自分でも漢詩を書いていたのです。母によれば、祖父の父である信彦（茂世の父）は漢学者で、子どものころから、漢籍（漢文で書かれた書籍）の素読を叩き込まれたと本人が述懐していたそうですから、幼いときに身に付け、学び続けてきた賜物だったのでしょう。

『岸信介の最後の回想』のなかで、「岸家は、和歌だとか詩だとか、字を書く絵を描く。田舎の侍の家だけれども、一種の文人がたくさん出てるんです」と話している通り、信介の父・秀助もまた、歌を詠み、俳句をつくり、漢詩を詠み、俳画を書き…という芸術を愛する人だったようです。きれいな字を書いたといわれているので、信介も、この父の血を受け継いでいるのでしょう。

母・洋子も本に書いていますが、祖父は道端の野の花を切って自己流で生けたものは、なかなか風情のある出来栄えだったそうです。幼いころに田布施の山々のなかで過ごしたときに、自然と身に付けたものだったのかもしれません。

母によれば、戦犯容疑で巣鴨プリズンに収監されていたときの祖父は、筆まめでたくさんの手紙を家族に送ってくれたそうですが、そのころに手なぐさみでつくっていたミカンの細工物が、非常に手の込んだ〝芸術品〟だったそうです。中庭で屋外運動をしたときに拾ったガラスの破片をそっと監房に持ち込み、ミカンの皮の外側をひと皮むいて、支給された紙を水に溶かしてごはん粒をどろどろにしたものを混ぜて貼り、型を整え、茶道の棗をつくったりしていました。東條英機さんのサインが入った棗が、まだどこかに残っているはずです。祖父の手先の器用さには驚くばかりですが、そのような一面がありました。どこかに趣味人のような血が流れていたのでしょう。

祖父は戦前、商工官僚だったころ、東京の中野に家がありました。子どものときにその岸邸の向かいの家に住んでいた縁で、その後も親交のあった加地悦子さんが、昭和55（1980）年に御殿場で、祖父をインタビューしました。『岸信介の最後の回想』のなかで、祖父は、写経についてこんなことをいっています。

「無、無になりきって、お経のなかへ没入しなきゃいけないですよね。また、そうなりますよ。悩みや、苦しみや、楽しみちゅうようなものを離れて、無の世界に近づく気持ちで書いてますがね」「私は子どものころから、わりあい根気がいいんですよ」

昭和59（1984）年、弘法大師御入定1150年御遠忌記念の際に、祖父は、高野山金剛峯寺の奉賛会長として、数年かけて書き上げた写経を1150巻、奉納しました。母の話によると、高野山の管長から、見事な写経だとお褒めの言葉をいただいて、祖父は少年のように嬉しそうな表情を見せたそうです。岡嶋さんもそのときのことはよく覚えているとのこと。

「3年経たないうちに書き上げられたのではないかしら。毎日書いてもね、1150枚なんて、本当に大変だったと思います。高野山のお墨からつくられた。これは墨を磨るときからもう修行っていうか、心を整えなくてはいけないので、なかなかふつうの人にはできないことです。コンロの上で、ニカワとお水を混ぜたものをちょっと火で炙るんですよ。それがね、ニカワを入れ過ぎると書いていても固まってしまう。ただし、薄すぎると書いているときはいいけれど、フッと吹いたらパッとみんな飛んでしまう。この微妙なさじ加減を先生は上手になさるんです。私たちにはいっさいできませんよ。お墨を磨って、1150枚書かれたんですからね。そばで見ていてもそれはもう大変なことです」

祖父が、信じられないくらいの集中力で、丹念に、とても美しい『般若般波羅蜜多心経』を書き上げていくのを私も、はたで見ていました。その量たるやものすごい枚数だったので、とても印象に残っています。

岡嶋さんからあとで聞いたのですが、

「高野山で1150年祭があったとき、宮様もいらしたのですが、岸先生が書かれた書を、扇にして配られました。奥様も持っていらっしゃらないですけどね。その扇を、帰りの汽車のなかで宮様ご夫妻がね、開けてご覧になった。それはもう非常に驚かれたそうですよ、扇を広げて。1150年祭で特別の書が認められているのですもの。それをもらった方は大喜びでした」

書を人に差し上げるのが趣味

たとえばゴルフに行くときの車のなかや食事の時間など機会を見つけては、パパッと練習をしていたくらいですから、祖父は、字を書くことが心底好きだったのでしょう。書体をどういう形にしたら一番きれいに見えるかなど、書くことでさらに鍛錬を重ねていくことが楽しかったのではないかと思います。方々から軸や色紙を頼まれていましたが、まったく苦にすることなく、いつも飄々と筆を走らせていました。御殿場の家で、時間があればちょこちょこっと書を綴っている祖父の姿を、今でもよく覚えています。

いろいろな人に差し上げていたので、祖父の書を持っている方は多いかもしれません。なかには、さらに点々として、まったく知らない誰かの手に渡っているものもありそうです。岡嶋さんにとっても、祖父の書は思い出深いものだそうです。

「先生は、すらすらっと書いてしまうのですが、どれも素晴らしい書でした。特別に、赤い色紙に書いていらっしゃるものがあるんです。それは、数枚しか書いていらっしゃらないのですが、そのひとつを、ある方のご友人の両親が持っていらっしゃるというのです。私も奥様も持っていないものなんです。どういう経緯で入手されたのかはわからないのですが、その方がすごく自慢されていました。だから私、見せていただいたんです。それはみごとな書でしたよ」


本田勝彦さんも、家庭教師時代に、祖父から色紙をもらったことがあるそうです。

「私は鹿児島県日置《ひおき》郡の出身ですが、晋太郎さんの実家は日置《へき》村（当時）なんですよ。なにか縁がありますね、と。そして兄のおかげで東京に出られて、大学にも入れたと岸先生にお話ししたら、「洋子、色紙持ってこい」といって、兄宛に『志は秋霜と共に潔し』と書いてくださった。そして私にも『一勤天下無難事』という言葉を。ひたすらつとめれば世の中に難しいことはないという意味です。今でもずっと大切に持っています」

これも寛（寛信）ちゃん、晋（晋三）ちゃんのおかげです。

その話を聞いて岡嶋さんは、「それはお兄様に相応しい言葉ですね」と。

彼女によれば、祖父は、人から色紙を頼まれると、まずは家族構成、職業などの背景を聞いて、その人に相応しい言葉を選んで書いていたそうです。その人の本質はどこだろうか、どういう部分を表現しようか、といったことを頭のなかでめぐらせてから字を決めていたようです。「その人のことを全然知らないのに、勝手に書いてはいけない」といっていたそうです。

そうして、漢詩の七言絶句のなかにその方の名前をひと文字入れたり、仕事に合った言葉を組み入れたり、即興で詩を書いて、その人のためだけの書を書いていたので、みなさん、喜んでくださったようです。あとになって書いてもらった方が年を重ねて、「今になってようやく、あの書の意味がわかりました」といわれることもあったのだとか。その人の先を見据えて書くからでしょうか。

何事にも一生懸命で、細部にまで気を配ることのできた祖父らしい一面だと感じます。

私たち兄弟3人にも、祖父は書を書いてくれました。孫の私が見ても、きれいな字だなと惚れ惚れします。私が20歳のときに、成人のお祝いに書いてもらったものが残っています。この書を見るだけでも、私たち孫はみな、祖父に、相当かわいがられていたということがひしひしと感じられます。

『士不可以不弘毅。任重而道遠。仁以為己任。不亦重乎。死而後已。不亦遠乎』

論語のなかに出てくる、孔子の弟子・曽子の言葉が書かれています。「士は以って弘毅ならざる可からず、任重くして道遠し。仁以って己の任と為す。亦重からずや。死して後已む。亦遠からずや」こう書いてあります。漢字では武士の士だけれども、かならずしも侍という意味ではないらしい。士というものは、広い器量と強い意志を持ち、毅然としていなければならないと。その仕事というのは、非常に重くて遠い。その道のりは遠いと。仁を持ってこそ、己の役割、責任を果たせると思え。これはなんと重いことだろうかと。それは、自分が死んで、あとになってみなければわからないことであって、なんと遠いことかと、そのようなことが書いてあります。

祖父の、政治人生における信念にも通ずる言葉であったのではないでしょうか。

祖父の絶筆は、山田禎二さんに差し上げたものではないかと思います。岡嶋さんが、その書を見て、「すごいですね。先生はこれを書いたとき、こんなに大きな字はもう書けんとおっしゃって、それ以降書いていらっしゃらないから、そういう意味ではこれが絶筆ですよ」と山田さんにいったそうです。

祖父は、孫の私たちから見ても、達筆な人でした。祖父に負けず劣らず、母も書が得意なのですが、私たち兄弟は、どうもそのあたりの才能は引き継いでいないようです。今から思うと、祖父から「一緒に字を書いてみよう」と誘われたこともありませんでした。孫たちには、書の素質はないと見抜いていたのかもしれません。

ただ私は、いまだにからきし下手で困ったものですが、弟の晋三は、最近は、さすがにだいぶ書き慣れてきているようです。みなさんに求められて、字を書く機会が多いので、自然と上手になっていくのでしょう。母にいわせると、ふだんから書きつけないと、最初のうちは、字配りというのでしょうか、色紙でもなんでも、そのなかに上手に納めるのが難しいようですが、だんだん書いているうちに、格好よく納まるようになっていくそうです。今ではずいぶんと上手に調和した字を書くようですから、もしかしたら、晋三には、母譲りの素質が少しはあったのかもしれません。母も書には一家言あり、矢萩春恵先生と書展を今まで何度も開いていました。今回のコロナで、書展を開く機会がなくなり、先生とも電話でお話をするだけなので、少し気落ちしていました。そこで母を元気づけようと思い、今回の本の題字を頼むことに。すると1時間もかけて書いてくれました。

余談ですが、90歳まで生きた祖父も、まだまだ健在な母もそうですが、書を書く人はみなさん長生きですね。手先を使うし、頭で考えて集中するし、脳が活性化するのでしょう。書は、健康のためにもよいことなのではと思うことがあります。

やさしい祖父、厳しい祖父

祖父は、書はもちろんのこと、いろいろなものを人に差し上げる人でした。ものすごく気前のいい人で、なんでもかんでもすぐに人に譲ってしまったという話をよく聞きました。祖父は、総理大臣としてははじめてアメリカへ渡ったときに、アイゼンハワー大統領と一緒にゴルフをしたのですが、驚いたことに、その際に大統領から贈られたゴルフクラブを、記念になると思って誰かに譲ってしまったのです。そのゴルフクラブは、譲られた方が寄付をされて、今は、兵庫県の名門コース、廣野ゴルフ倶楽部内にある、ＪＧＡゴルフミュージアムに飾られています。私は偶然、それを見つけたのですが、「岸首相がアイゼンハワー大統領とゴルフをしたときのゴルフクラブ」と但し書きがありました。こんなところで出会うなんてと嬉しくなり、思わずクラブに触れようとしたら、館の方にひどく怒られました。「だって、元は私のおじいさんのものなのだし、触るくらいはいいのではないか」と思ったのですが、「貴重なものですから」とたしなめられ、なんだかおかしな気持ちになりました。こんな風に私たちの知らないところで、祖父が手放したものがまだほかにも、めぐりめぐっているのではないかと想像するとおもしろいですね。

私の祖父との思い出のなかで、一番印象に残っているのは、箱根の宮ノ下にあった、老舗の奈良屋で過ごした時間でしょうか。祖父は、多忙な業務の合間を縫い、時間さえ許せばこの旅館に出向いて静養していました。そうすると母に、「孫を連れてこい」と電話がかかってくるのです。私たち兄弟と遊ぶ時間が何よりのストレス解消だったのかもしれません。

奈良屋さんの庭園にあった池には、立派な鯉がたくさん泳いでいました。まだ私が、幼稚園児くらいの話です。あるとき、「あの鯉を釣りたい」とわがままをいったのです。本当は池で泳ぐ鯉を釣っていいわけはないのですが、魚が泳いでいるのを見ると釣りたくなってしまう。祖父が、そこまでいうんだったらと無理やり、番頭さんに掛け合ってくれまして。釣り竿を持って釣らせてくれたのです。

ところが、私は、張り切って、ガンガン釣って、池の鯉をすべて釣ってしまって、大問題になってしまいました。先方も、小さい子どものちょっとした遊びだろうとタカをくくっていたのでしょうね。それくらい子どものころから釣りが好きだったのです。覚えている限り、釣った鯉は元に帰したりしたはずですが、果たして全部生きてもどったかどうかはわかりません。旅館の方は、たいそう気を揉まれたと思います。今では申し訳なく思いますが、祖父は、孫が喜ぶ姿を見たくてたまらなかったのでしょう。「そうかそうか」と、にこにこと見守ってくれていた笑顔が忘れられません。

箱根の旅館や熱海の別荘など、祖父は時間があれば静養に訪れていました。もともと山口県の田布施の田舎育ちですから、自然のなかに身を置くことでリラックスしていたのでしょう。そして、私もしばしば子どものころから顔を出していました。学生時代に、熱海にある釣り堀で遊んでいるときの写真が残っています。釣り部の大会のあとに寄ったのかもしれません。

祖父にしたら、私たちが子どものころというのは、もっとも忙しい時期だったはずです。そんな日々のなか、政治の世界をしばし忘れて気分転換をしたいという気持ちもあったでしょうし、何より、都会育ちの私たち兄弟に、自然と接することの素晴らしさを抵抗なく体験させたい、自然からも学びを得てほしいという思いがあったのではないかと思います。言葉では表せない、目に見えないけれど大切なことがあること、それを自ら感じ取り、人生の宝にしてほしいということを伝えたかったのではないかと、今になって気づくことがあります。

仕事においては妥協することなくとことん信念を貫き、持てる力を精一杯注いだ祖父ですが、オンとオフをきっちり分けて、家族も大事にしていた姿勢は見習うべきものですし、のちの私の家族観にも影響していると思っています。

やさしい祖父でしたが、まだ私たち兄弟が小学生に上がる前で小さかったころは、ちょうど祖父が総理大臣をしていた時期ですが、非常に厳しい面もありました。大学を卒業して、社会人になってくると、とても穏やかなふつうのおじいちゃんになりましたが。

私たちがいたずらをしたり、いうことを聞かなかったり、ご飯の時間にも騒いでいたり、食事を残すとか何かちょっとしたことで聞き分けが悪かったりすると、手を引っ張っていかれて蔵に閉じ込められることもありました。南平台の家には蔵があったのです。「そこで反省しなさい」ということで、しばらく放って置かれるのですが、なかは真っ暗なので、とても怖かった。泣き叫びながら蔵まで引っ張って行かれたのをよく覚えています。

ひとりのときが多かったと思いますが、晋三と一緒だったり、晋三がひとりで入れられたこともありました。最初のうちは泣いたりわめいたりもしましたが、泣いても外には聞こえないですし、そのうち、黙って耐えるようになりました。ところが、もっと幼い晋三のほうが早く慣れてしまったんですね。子どもなりにだんだん知恵がついてきて、ふたりで入れられたときには、一緒に電気のスイッチを探して電気を付けたりして。蔵といっても倉庫みたいなものですから、なかにあるお菓子を物色して食べたり、最後のほうは、なかでゆっくり過ごしたりしていましたね。それも今では楽しい思い出です。

両親からはたしなめられる程度のことでも、祖父は蔵に閉じ込めてお仕置きをしたのは、私たち兄弟が男の子だったからなのかもしれません。母の記憶では、祖父に怒られたことはほとんどなかったようですが、たった一度だけ、母の兄で私の叔父・信和が、祖父に怒られて、田舎で木に縛られていた姿を見たことがあったといいます。いずれにしても、女の子には甘かったように思います。

祖父のしつけに対する考え方に関して、前出の本のなかにヒントがあります。祖父は、好き嫌いがなく、出されたものはなんでも食べる人でしたが、それも母親の厳しいしつけによるものだったと語っています。野菜があまり好きではなかった子どものころの祖父に、母・茂世は、口やかましく「男の子は世の中へ出て、人のなかに揉まれていくときに、人が食べてるものが食べれんようじゃいかん」といって、野菜ばかり食べさせたそうです。

兄弟はみないたずらだったから、よく母親から叱られ、せっかんされたのだとか。ただし、頭をぶつことはけっしてなく、その代わり、お尻をひねられたり、お灸をすえられたり。お風呂に入っておたがいに尻を見せ合うと、祖父の尻が一番黒くなっていた。「一番悪かったのは自分だった」と本人も笑っています。そして、実家は田舎の造り酒屋で、酒造りの樽が並ぶ蔵があり、祖父は、悪いことをすると、よくその蔵のなかに入れられたというのです。「真っ暗で怖かった」と、私と同じことをいっています。

祖父が、私たち孫のことをかわいがってくれたのと同時に、しっかりしつけなければという思いで厳しく接してくれたのは、子ども時代に、自身も母から厳しくしつけられたことが原点にあったからだと思います。ちょっと感慨深いものがありますね。

長生きの秘訣

祖父は、昭和62（1987）年、8月7日、90歳で亡くなりました。最期までとても元気な姿を見せていました。

「元気の秘訣はなんですか？」という質問を誰かがしたときに、何をいうかと思ったら、「不義理をすること」と笑って答えていました。

義理立てをすることは肉体的にも精神的にも負担になって、それがからだを悪くするとか、そういうことにつながってくる。不義理をするのが一番だと。そのときは、あ、そういうものかとちょっとわかったような気になりました。歳を重ねた今、あらためて思うと、たしかに大事なことかもしれないと思います。私たちは、とかく義理立てをする世界のなかで、ずっと生きてきていると思うのです。だんだん高齢になってきたら、そろそろそういうものは好き嫌いで判断して、義理立ても好きなときにだけして、ちょっと不義理なくらいで生きていくのが、長生きのコツかもしれません。

母は、そうはいっても、政治家が義理を欠くというわけにはいかないですし、命あってのものだということを、ユーモアを込めて表現したのではないかといっています。実際のところ、祖父の言動を見ていると、非常に義理堅い面が多々見受けられるので、たしかに、祖父らしいユーモアを込めた自戒の言葉でもあったのかもしれませんね。

もうひとつ、長生きの秘訣として祖父がよく語っていたのは、巣鴨プリズンでの生活のことです。

「1年を通じて朝5時半に起きて、夜は9時に消灯して寝る。日に1時間運動させられ、部屋の掃除や、廊下の掃除まで、ちゃんとやらされてですよ。食べ物はほんとの腹八分目だし、間食は一切ない。そういう規則正しい生活…。（中略）夜は遅いし、時間も不正確な食べ方をしてるし、そういう日常を送っておったのがですよ、急に3年3ケ月の間は、規則正しい健康管理をさせてもらったんですからね（笑）」「結果として、こう元気になったと思うと『人間万事塞翁が馬』という言葉がありますが、何がいいのか悪いのか、棺を覆ってみないと、分かりませんわね」（『岸信介死後の回想』より）

母曰く、祖父は「一番いい健康法は、50歳くらいで、一度拘置所に入ることだ」といって笑っていたそうですが、このときの非常につらい経験が、祖父の長生きに寄与したのかもしれないと思うと、人間の人生というものは、本当にわからないものだと思わされます。

第5章　私の人生を生きる

おっとりしていたという子ども時代

前章まで、安倍家について、そして、祖父である安倍寛と岸信介についてお話してきました。私がこれまで実際に見聞きしたことをもとに書いてきましたが、マスメディアの記事やたくさん出版されている書籍のなかには出てくることのない、安倍家の別の一面をお伝えできたのではないかと思います。

この章では、私自身のことについて振り返りながら、安倍家と関わってくださった人たちのことも書き留めてみたいと思います。

父・晋太郎も、祖父・岸信介の跡を継いで新聞記者から政治家となり、我が家はつねに人の出入りが激しい家でした。身のまわりの世話をしてくれた人たちや家庭教師など、お世話になった方が何人もいます。

第4章で、祖父・信介の話をしてくれた岡嶋慶子さんも、私たちの面倒をよく見てくれたひとりです。岸家にやってきたのは、私と弟の晋三は小学生、信夫はまだ4歳でした。今でも実家で母の面倒を見てくれている彼女は、家族の一員のようなものですが、もともとはお母様と父・晋太郎が小学校の同級生だったというのが縁でした。

彼女は子どものころから、お父様の影響で、ニュースや国会中継をよく観させられていたので、政治に興味を持ち、祖父・信介のこともよく知っていたそうです。そんな話をお母様から聞いた父が、祖父に紹介し、高校を卒業してすぐ岸家に入ることになったのでした。

岡嶋さんは遠い昔を偲ぶように目を細め、私と晋三、信夫の3人が仲良く遊んでいた光景を、つい昨日のことのようだといって話してくれました。

小高い場所にあった熱海の祖父の別荘から、私たち3人を連れて、歩いて街のお菓子屋さんに向かうのですが、彼女もまだ若かったので、仲良く手をつないで歩く姿は、まるで子どもが子どもを連れているような感じだったといいます。ようやくお店に着くと、そこにいた方々から「総理のお孫さん」「総理のお孫さん」ととても喜ばれ、3人は握手を求められたそうです。お菓子を買って、また丘の上の別荘に向かって歩き出す3人。一番上の兄である私が先導して、転ばないようにふたりの手を取って階段を上がっていく姿が、なんとも微笑ましかったとか。

岡嶋さんによれば、私は「兄弟のなかでも一番おっとりしていた」そうです。

「長男だから弟たちの面倒を見なければという思いもあったのでしょう。考え方もふたりとは違っていて、いつも落ち着いていましたよ。すぐにパパッと動くのではなく、いつもよく考えて言葉を選んで、お話していました。寛信さんは政治家にはならなかったですが、世界を舞台に仕事をしていますから、大きな視野で世界を見ているのだと思います。歳を重ねても人柄は変わらないし、洋子奥様から引き継いだものも大きいのではないでしょうか。洋子奥様も、長男のことをやっぱり大事に思っていらっしゃいますよね」と。

もう亡くなってしまったのですが、小学生のときに南平台の真向いの家で、仲のよかった〝えっちゃん〟こと、北澤悦生さん。父親は東洋バルヴのオーナーで、父親になんでも好きなものを買ってもらっていたのだと思います。ゴーカートも持っていて、カート場まで乗りに行ったり、よく一緒に遊んでいました。安保闘争のデモ隊がやってくると、晋三も一緒になって彼の家の風呂場から水鉄砲を撃ったりしたのを覚えています。その後松濤の豪邸に引っ越しましたが、えっちゃんは、大学のときには、白いアルファ・ロメオに乗っていて、それが格好よくて、私は新しいもの好きで、先進的だった彼の影響を知らぬ間に受けていたと思います。

そのころ、うちは、経済的に苦しかった時期でした。私も弟もお小遣いはとても少なかったのです。えっちゃんだけでなく、成蹊学園の友達の家に行くと裕福な人が多くて、うらやましかった。えっちゃんの家も、おもちゃでもなんでもリッチで、遊びに行くのがとても楽しみでした。

もう一つの思いでですが、大学時代塩崎恵一さんと一緒によく遊んでいました。塩崎家は、当時木場内の材木問屋で、叔父の信和と彼の父親が親友で親の代からの旧知の仲でした。カナダの大学に短期留学して、ひと夏一緒に過ごしたことがありました。トロント、ワシントンDC、ロサンゼルス、ディズニーランドなど行きました。ニューヨークでは、五番街のブルックス・ブラザーズでレジメンタルのストライプのネクタイなどを弟にも買いました。その後、晋三が副官房長官時代にテレビに出演したとき、「おしゃれですね」と質問されて、「これは兄からのアメリカのお土産です。格好いいネクタイで、それからファッションに興味を持つようになりました。」と答えていました。ちょっと嬉しかったです。じつはその後わかったのですが塩崎さんは妻の幸子とは昔からの知り合いだったそうです。

「ツバメ返し」の得意な子どもだった

若いころスポーツに打ち込んだことは、私によい影響をおよぼしていると思います。

小学校に入学する前は身長も低かった私が、卒業するころには後ろから数えたほうが早いくらいにまで身長が伸びたのは、成蹊学園で鍛えられた水泳によるものも大きいかもしれません。それでも、背の高かった父の身長（178センチ）にはちょっと届いていないのですが。

子どものころに身に付けたことは、一生忘れないものです。努力が報われるという経験は、私の宝になったので、自分の子どもたちにも小さいときから水泳教室に通わせていました。その甲斐もあり、息子も娘も泳ぐことには自信があるようです。

母の勧めでバイオリンを習っていました。放課後、学校に残って友達とバイオリンの練習をして、それぞれ母親が迎えに来て家へ帰ります。母は忙しい人でしたが、いつも迎えに来てくれました。成蹊学園ではクラブ活動も盛んで6年生のとき、新しくできたソフトボールクラブに入りました。

中学生に上がると、今度は柔道部へ。柔道は性に合っていたようで、授業で柔道の試合をすると、あっという間に7人抜きくらいして、驚かれて、学園祭では選手にもなりました。

得意技は、相手の足に自分の足を引っかけて、相手の重心をくずして一気に払う「出足払い」。相手が足技をしかけてきたときに、その足をくるっと躱してそのまま瞬時に相手の足を払う「ツバメ返し」も得意でした。もともと反射神経はよかったのでしょう。その分、寝技は苦手でした。ただ、「出足払い」も位置がちょっと外れると、自分の足に相手の骨が当たる。何度も当たっているうちにかなり腫れ上がってしまい、少し骨に異常が出てそのうち、痛くて技をかけられなくなってしまったのです。歩く分には問題ないのですが、柔道を続けるのは難しい状態になり、別のスポーツを探しました。

中学2年から高校2年までは卓球部に所属していました。夏休みは、朝から晩まで校内にある卓球場で過ごし、クラブの合宿所に寝泊まりして、トレーニングと卓球を合わせると、毎日7〜8時間は練習していたでしょうか。風が入らないよう窓は締め切り、反射して球が見えづらくなると困るので、暗幕を下げて太陽光をシャットダウンした薄暗い体育館のなかで、1日中、黙々とラケットを振り続けているわけです。

今でこそ卓球は人気スポーツで、国民的スター選手もいますが、そのころは、地味なイメージであまり注目されることもありませんでした。ところが本気でやってみると、体力や瞬発力、反射神経を要求されるきわめてハードなスポーツで、のめり込んでいきました。

弟が兄の真似をして同じスポーツをはじめるケースもよく聞きますが、私たちの場合、「兄貴の真似をしよう」といったことは皆無でした。それぞれが好きなことをしていたし、今でもそれは変わりません。かといって、仲が悪いということではないのです。

今思うと、安倍家の教育方針として、「それぞれが自分で好きなように決めていい。その代わり自分で責任を持って、やりたいことをやりなさい」というような雰囲気があったように思います。安倍家といっても、父の晋太郎は、新聞記者やそのあとは祖父の秘書、そして政治家と日々、仕事に追われていたのでほとんどノータッチ、子どもたちの教育はもっぱら母に任されていました。ですから、母の教育方針といってもいいかもしれません。それぞれが独立して動く我が家の方針は、その後の私の人生にも影響していると思います。そんな事情もあり、触れ合う時間が少なかった父が、仕事の合間を縫って父親の授業参観に顔を出してくれたときは、嬉しくもくすぐったいような気持ちになったのを覚えています。

祖父の影響で釣り好きに

私は無類の釣り好きで、今でも一番の趣味は釣りなのですが、それはあきらかに釣り好きだった祖父・信介の影響が大きく、大好きなおじいさんによく連れて行ってもらったことで、幼くして釣りに興味を持ちました。夏休みなどは、兄弟だけで山口県の親戚の家に預けられることも多かったので、近所の子どもたちといっしょに海や川へ出かけては釣りざんまい。都心ではなかなか味わえない遊びに夢中になりました。父・晋太郎に、油谷町の川に釣りに連れて行ってもらったこともあります。父はそのうち、釣りからは足が遠のき、もっぱらゴルフばかりするようになり、よく一緒にプレーしました。

祖父は、昭和33（1958）年に熱海に別荘を建てました。温泉付きの別荘で、そのころになると熱海で休養することが多くなっていました。閣僚たちとそこで話をすることもあったようです。

私は高校時代、釣りに出かけたときには、帰りにここに寄ったりしていました。熱海から海岸沿いを南下した、錦ヶ浦の近くにいくつか釣り堀があり、昔からよく遊んだ思い出の場所です。海の一部をせき止めてつくられた釣り場なので、鯵《はまち》や鮃《ひらめ》なども釣れました。釣った魚は買い取ることになるわけで、今考えるとなんとも贅沢な釣りですね。「お、寛信、ちょっと釣り行くぞ」と祖父に声をかけられると嬉しくて。私からも、「おじいちゃん、釣り堀に行こうよ〜」とずいぶんせがんだものです。

あるときその釣り堀に、次から次へと大物を釣っているおじさんがいて、そのみごとな手捌きに見とれていたら、祖父が「あの人、すごくうまいだろ」といって笑いかけてきたことがありました。なんと、プロ野球チーム「大洋ホエールズ（現・横浜ＤｅＮＡベイスターズ）」オーナーの中部謙吉（大洋漁業［現マルハニチロ］の当時の社長）さんだったのです。さすがに大洋漁業だけあって、釣りがお上手だなと感心しました。向こうもご家族と静養に来ていて、一緒に魚釣りを楽しまれていたのでしょうね。

芦ノ湖で船を出してもらい、ブラックバスを釣ったこともありました。竹竿の先に仕掛けを付けて、そこに餌の活きたエビを付けて釣るのです。もう50年以上前の話ですが、祖父や秘書の方など大勢でわいわい盛り上がりました。釣った魚を箱根のホテルに持ち帰って調理してもらい、みなで頬張ったあの味は忘れられない大切な思い出です。東京湾ではハゼ釣りを楽しんだりもしました。

晋三や信夫も一緒だったように記憶していますが、弟たちはそれほど興味を示しませんでした。なぜか祖父の釣りの趣味は、私に引き継がれたのです。

釣りに夢中になった大学時代

大学に入ると、いよいよ体育会の釣り愛好会に入部。ひたすら釣りに没頭する日々のはじまりです。思う存分、釣りを満喫できる環境にワクワクしました。心躍らせたといえば、自分で車を運転できるようになったことも、嬉しかったことのひとつです。大学入学後すぐに免許を取り、その夏には、トヨタのマークⅡの中古車を購入。主には釣りに出かけるときに乗っていました。その次は、えっちゃんに影響を受けたあこがれのアルファ・ロメオです。白い車を購入し、塗装をし直したときに赤くしたので、少しピンク寄りの薄い赤色が美しい車でした。

何かの本に、晋三がアルファ・ロメオに乗っていたと書いてありましたが、あれは違います。

弟は、車に対してほとんど興味を示しませんでした。必要なときには、私に「車を貸して」と乗ることもありましたが、車は走ればいいと思っていたのでしょう。

さて、釣り部では合宿もありますが、ふだんはグラウンドで、ゴム錘《おもり》を使って仕掛けを遠くに飛ばす練習をひたすらしていました。愛好会といってもれっきとした体育会なので、練習も厳しいのです。ランニングなどしっかりとトレーニングも行います。

キャスティングといって、錘を遠くに投げる競技があるのですが、ふつうの人だと、一生懸命投げてもせいぜい70～80メートルくらい。それを毎日練習して、からだのひねりや回転を利用して仕掛けを遠くに飛ばす「スリークォーター投法」で、150メートルくらいまで飛ばせるようになりました。仕掛けが届く範囲が広がれば魚場が広がるので、いろいろな魚をたくさん釣れるわけです。どんなに魚を釣り上げるのが上手でも、70メートルしか飛ばせない人は、100メートル先にいる魚を釣ることはできません。仕掛けを遠くまで飛ばせるかどうかは重要なのです。投げ釣り関東学生選手権でよく1位を獲っていた先輩の釣り方を、必死に真似て練習しました。練習を重ねた成果が出て、投げ釣り関東選手権では最高位で個人3位、全国大会では個人8位に入賞したこともあります。

死も覚悟した〝漂流記〟

石鯛を求めて、硫黄島や屋久島、小笠原、伊豆七島…、あちこち島をめぐったのも楽しい思い出です。死を覚悟したのは、沖縄の西表島の先にある仲《なか》の神島《かみしま》（仲ノ御神島《なかのうがんじま》）に大学時代の仲間5人で釣行したとき。無人島で、絶海の孤島といっていい場所です。漁師に船で連れて行ってもらわなければたどり着けないので、釣りをするには最高のロケーション、びっくりするほど大きな魚が釣れました。

島には1週間ほど滞在したのですが、一度、連れて来てもらった船から、水のタンクを下ろすのを忘れてしまったことがありました。漁師さんも気づかずそのまま帰ってしまい、みんなで青くなりました。命綱である飲み水は、持っていた水筒に入っているものくらいで、そのうち飲み尽くしてしまい、本気で怖くなりました。喉がカラカラで脱水症状に陥ると、頭がぼーっとしてきて力が入らず、動くことすらできなくなります。岩の影に、それぞれ分かれてへばりつくように身を横たえていたちょうどそのとき、数百メートル沖を、一艘の船がスーッと通り過ぎていくのが見えたのです。赤い袋か何かを、残っていた力を振り絞って精一杯振りまくると、やっと気づいて近づいてきてくれました。もうみんなでその船に飛び乗り、魚を冷やすための氷に向かってなりふり構わずワーッと飛びついて、ものすごい勢いで飲み干しました。あのときくらい、嬉しくて涙が止まらなかったことはないでしょう。汚くて魚臭い水でしたが、若いからできたことだと思います。ちょっとした〝漂流記〟でした。

命の危険を感じたといえば、八丈島の磯で海に流されたときのことを思い出すと、今でも手に汗が滲むことがあります。海に大きく張り出した岩場は魚がたくさん釣れるので、磯釣りといえば、そういうところを狙います。ただし、そういうポイントは潮の流れも早いので、いきなり大きな波がドーンと打ち付けてくる危険な場所でもあるのです。

私も磯釣りの際は、からだ中にロープを巻き付け岩にくくり付けて、しっかり対策をしていました。あるとき、鈎にエサを付けていると、いきなり誰かが「ワーーーッ」と大きな声で叫んだので、どうしたのかと顔を上げたら、目の前に壁が立ちはだかるように大きな波が迫って来ていたのです。はっきり覚えていますが、大きな緑色の壁に見えました。

瞬時に、岩に叩きつけられないよう必死に交わしたのですが、波の力があまりにも大きく、あっという間に海に投げ出されてしまいました。もちろん救命胴衣は着けていました。救命胴衣も、発泡スチロールをからだのまわりに巻き付けるタイプと、マフラーのようにからだにぶら下げておき、いざというときに内蔵ボンベを自分で引いて膨らませるタイプがあります。それが運命の分かれ道だったと思うのですが、私は運よく、発泡スチロールタイプのほうを着けていたのです。落ちたときに頭を打ってはいけないと思って、とっさに手で頭を抑えながら落ちたので、思いっ切り岩に背中をドンと叩きつけられ、救命胴衣がえぐれてしまいました。もし、ボンベ型だったら、無防備な状態で背骨を強く打って、下半身不随になっていてもおかしくなかったでしょう?。今思い出しても身震いしてしまう経験でした。

さすがに社会人になってからは、危険な磯釣りは卒業し、もっぱら船釣りへとシフトしていきました。今は、伊豆七島あたりで楽しむことが多いですね。

鮪は大間が有名ですが、山口県の萩の沖にも餌場があり、みごとなのが釣れるので、鮪釣りにも挑戦しました。

こうして自分で釣った鮪は、急速冷凍しないで冷蔵して家に持ち帰り、しかも数日熟成させたもの、この味は格別です。母は、舌が肥えているので、なかなかおいしいといわない人ですが、「こんなにおいしい鮪を食べたのははじめて」と喜んで食べていました。

釣りと仕事の共通点

釣りは、潮の満ち引きによって仕掛けを微妙に変えたり、海水の温度や天候の変化を読んで魚のいるポイントを探ったり、臨機応変に対応していくことが求められるスポーツです。大会になるとなおさら、投げ方など要領も大切ですが、どんどん状況が変わっていくなかで、潮の当たりがよくて魚がたくさん泳いでいる場所を見つけて、移動して行かなければ勝てません。お弁当を食べる時間もないくらい忙しい。体力勝負でもあるし、潮の満ち引きや過去のデータなど資料を読みながら瞬時に判断するので、頭も使います。勘だけに頼っていると頭打ちで、科学的な分析力も必要とします。なかなか釣れないなぁというときには、何がいけなかったのか分析をしながら、別の方法を試していくことも大事です。

つねに頭を柔軟にして、攻めるポイントを見誤らないようにしなければ、うまくいかないという意味で、仕事と釣りはとても似ていると思います。学生時代に釣りによって、状況を読む感覚を磨き、瞬時の判断や決断力、忍耐力などを鍛えたことは、社会人となり仕事をするようになってからも、大いに役立ちました。

今考えてみると、祖父が好んで釣りをしていたのも、何かしら仕事に通ずるところがあったからではないかと感じることがあります。

釣りをしているときは、頭のなかを真っ白にすることができます。現実の世界から非日常の世界に誘ってくれる。そこでは仕事や日常の雑事をすべて忘れて自然の中でひたすら魚を追い求める。これが、今の時代、精神をリフレッシュする上で大事なことだと思っています。ゴルフも好きでよく回りますが、ゴルフだと、やはり仕事のことが頭の片隅に残っているんですね。釣りとは別物だなと感じます。

これは、たまたま私の場合は釣りでしたが、人によって気分転換はなんでもいいのです。集中しようと努力をしなくても、自然に集中してしまう、好きなことに没頭できる時間を持つこと、それが重要だと思います。

会社の社員旅行で沖縄に行き、釣り好きの仲間を集めて鮪を追ったこともあります。仕事の仲間と、釣りを通じて一体感を高めようと思ったのですが、同じ目的を持って行動すると、気心が通じてくるというのは確実にあります。会社の中に最近、釣り同好会を作って、若い社員を海に連れ出して釣りの楽しさを紹介しています。釣りの技術を教えたり、釣り場のこと、その後のつり談議を通じたコミュニケーションの楽しさを伝えたりしています。

釣りは私の一生を通じた趣味であり、色々な貴重な経験や思い、また人との出会いも提供してくれました。

素晴らしい仲間ができたことも大切な思い出です。亡くなってしまった方もいますが、大学時代の釣りクラブの先輩も大切な仲間ですし、プロ並みの腕前を持っていた方もいて、2年先輩の高橋一郎さんには釣りの極意をたくさん教わりました。高橋さんは、グランダーといわれる１０００ポンドの旗魚《かじき》を６匹釣り上げています。中・高と成蹊学園でもっとも仲良くしていた國保享昭さんとも、よく一緒に釣りへ出かけたものです。

釣り仲間の木村宏さん（ＪＴ元会長）は、本田勝彦さんに「後輩に山口県人がいるよ」と紹介されました。木村さんと一緒に来た寺畠正道（ＪＴ社長）さんも、とても気さくな方ですぐに打ち解けました。多忙ですが、時間をやりくりして釣りに顔を出されるので、大好きなのでしょうね。

祖父や、亡くなってしまった仲間たちとの思い出を胸に、気心の知れた大切な釣り仲間たちと、今後も体力の続く限り釣りを楽しめればいいなと思います。

政治家ではなく商社マンの道へ

高校３年になり、進路について多少悩みましたが、最終的には、そのまま成蹊大学の経済学部に進学することを決めました。できればビジネスの道に進みたいと思っていたことが大きかったのです。祖父や父の姿を見ていて、政治の世界に興味はありましたが、正直、自分には向いていないのではないかという思いもありました。その時点では、晋三と、どちらが政治家になる、ならないといった話もしませんでした。

昭和50（1975）年、私は、成蹊大学を卒業し、三菱商事に入社しました。最初に配属されたのは当時、資材第3部で、ビールをメインとした醸造原料の輸入を担当しました。主なクライアントはキリンビール。ビールの主原料である大麦からつくられるモルト（麦芽）や、苦味や香りづけに欠かせないホップなどをカナダ、アメリカ、オーストラリア、イギリス、西ドイツ、フランス、さらには当時の東欧諸国など世界各国から輸入する仕事です。採れた原料をいかに安全に日本に運び込むか、安定して供給し続けるかに、日々、知恵を絞っていました。

学生時代から世界を相手に仕事をしたいと考えていたので、夢中になって仕事に邁進しました。その後カナダのトロントで、5年間の海外赴任を経験。モルトに留まらず、建材や墓石として重宝される御影石などを日本へ輸出するなど資材取引全般の仕事にも携わりました。

帰国後は、本社で、ビールの原材料に加えて加工澱粉の取引ならびに事業投資先を統括するリーダーとして勤務。平成13（2001）年からは、イギリスはロンドンに駐在しました。欧州における生活産業全般の取引などの事業投資先を統括する仕事を3年間行っていました。食料、資材、繊維とさまざまなものの海外取引を経験しました。当時はちょうど、ユニクロがイギリスに進出し店舗展開を推し進めていた時期でしたが、このような新規案件をサポートする業務にも携わり、充実した毎日を送っていました。

私が勤めている間にも、三菱商事は、ビジネスモデルをトレーディング中心から事業投資中心へと変えていきました。一般的に企業の寿命は30年ともいわれるなか、商社が右肩上がりで業績を伸ばしていけるのは、時代や環境の変化を読み、先手を打ちながら業態も変化させているからです。変化のスピードは加速度的に早まっているので、そこに乗り遅れないようにしないと生き残ることはできません。それは企業も人も同じだと思います。今までと同じことを繰り返しているだけではダメなのです。ダーウィンの進化論と同じで、強いものが生き残るのではなく、いかに環境の変化に対応できるかが勝負ということ。今、三菱商事パッケージングという会社を率いる立場になりましたが、つねにそれは意識しています。考えてみると、変化に対応していくスキルは、釣りや、もっと遡れば柔道や卓球など、若いころに勤しんだスポーツからも大いに学んだと思います。

日本の素晴らしさに目覚める

海外勤務から日本にもどったあとは、中国支社長として、広島で、その後は九州支社長として福岡で勤務しました。ずっと海外とばかり取引をしていたので、はじめて日本のあちこちに出張する機会を得たのです。そこであらためて、なんて魅力のある国なのかと、日本を〝再発見〟しました。

また、これは海外でも同じですが、知らない土地へ行ってビジネスを成功できるかどうかは、地元の方々のなかにいかにうまく入り込めるかにかかってきます。仲間として受け入れてもらうためには、こちらがすべてをさらけ出して、飛び込む姿勢を示さないとうまくいかないのだなと思い知りました。一緒に酒を酌み交わし、釣りやゴルフに行き、ロータリークラブに入ってネットワークづくりに励み…、とにかくいろいろ努力しました。そして、一度仲間として認めてもらうと、みなさん、どんなことにも親身になって協力してくれました。胸が熱くなる場面を何度も経験しました。この時代に地方で出会った方々とは、今でも交流している人がたくさんいます。

狭い日本とはいえ、地域によってそれぞれ文化や伝統、言葉、風土も気質もまったく違います。たとえば同じ広島でも、広島市と福山市では地域色が違いました。福山の人は、広島よりも大阪を見ている。私たちはふだん、県境を意識しますが、地方に行ってよく観察していると、県境よりも江戸時代の国境のほうが、地域におよぼす影響は根強いのです。つまり、国境で分けると、広島は安芸ですが、福山は備後。福山は、より岡山にちかい文化なのです。このように、その土地の歴史を知らないと、ちょっとしたことを見誤ることがあります。東京にいるとわからないのですが、地方で仕事をするときには大切なことでした。

私たちの故郷、山口は長州です。昔、父が福島県の会津で講演をしたことがありました。歴史的に因縁のある場所ですが、会津の方々は温かく迎えてくれて、とてもよい雰囲気で、会場でも、そのあとの懇親会でも大いに盛り上がったそうです。ところが、帰りがけに父が、その土地の有力者の方々と「今日はありがとうございました」と握手をしようとしたら、「講演は素晴らしかったですが、握手はできません」と断られたのです。

私たちのような戦後生まれの世代にすると、ちょっと驚いてしまう話ですが、よく考えてみれば、長州と会津が戦った会津戦争（慶応4［1868］年）は、昔話といってもせいぜい百数十年前のこと。まだまだちかい歴史上の出来事なのです。父の話を聞いて、会津の方々の、今、目の前にいる人を云々ということはないけれど、「長州のことを、我々は許してはいませんよ」という気概を見た気がします。こういった話はおそらく、日本中にまだ残っているのです。地方で仕事をするうえで、しっかり日本史や地元のことを勉強することは大切だと思います。

グローバル化が謳われ、私たちはつい世界に目を向けてしまいがちですが、その前に、まずは足元をしっかり見つめなおす。しっかり立ち位置を固めてからでなければ、世界と対等に渉り合うことはできないと私は考えています。

政治家にはならない

「政治家にはならない」と決意したのは、昭和57（1982）年、30歳のときです。「ギラン・バレー症候群」という病気になり、このからだでは、政治家は無理だとはっきり悟りました。それまではどこかで、「自分には向いていないと思うけれど、安倍家を継ぐ長男として、政治家になるという役割を全うしなければいけないのでは」という思いが残っていました。

きっかけは、父の選挙運動の手伝いに駆り出されて、晋三と一緒に地元を応援して回っていたときに、風邪を引いたことでした。ぐずぐずした状態が続きいっこうに調子がもどらないなか、無理をして動き回っていたら、風邪のウイルスが脊髄に入り込んでしまったのです。選挙がひと段落して、正月に家族で神奈川県の箱根の奈良屋に出かけたときのことでした。翌日、御殿場で友達とゴルフをすることになっていました。ところが、夜早朝になんの前触れもなく突然、めまいが起こり、思うように目を動かせなくなるとともに、モノが二重に見え出しました。だんだん手も動かせなくなり、そのうち立っていることすらつらくなっていきました。とうとう倒れてしまい、あとから聞いたのですが、父母や弟、ウメさんが心配そうに見守るなか、箱根から救急車で藤沢の病院に搬送され検査されました。でもそこでは手のほどこしようがないと診断され、翌日父親が手配した車で東京の慶應病院に担ぎ込まれたのです。いろいろ調べて、「ギラン・バレー症候群」を発症していることが判明しました。感染症やワクチン接種などがきっかけとなり発症する神経疾患のひとつで、免疫反応により、人間の神経を攻撃してしまう抗体がつくられて、神経を壊してしまう、そうして、しびれや手足が動かせないなどの神経症状が現れてくる病気です。大原麗子さんも、ギラン・バレー症候群と苦闘していたそうです。

症状が進むにつれて、じょじょに怖ろしさが増していきました。眼球もからだも動かせない、箸も握れなければ自分で立ち上がることもできない。そのような状態になると、人は「これからどうやって生きていけばいいんだろう」と気持ちがどんどん落ち込みます。「職場復帰は無理でも、電話番ぐらいはできるだろうか…」と、自分の行く末を案じ、暗澹たる思いでした。

極力見舞いを断っていましたが、塩崎さん、武田さんが見舞いにきてくれて少し元気をもらいました。
　私は知らなかったのですが、母は医師から、「植物人間のようになってしまうこともある。場合によっては亡くなる人もいるので、覚悟だけはしてください」と宣告されたそうです。ところが、この病気に治療薬はないのですが、私の場合は、運のいいことに、あまり症状が進行せずに、うまく炎症を抑えることができました。3カ月ほど入院して、ようやくからだが動きはじめました。とはいえ筋肉は衰えているのでリハビリが必要で、結局、会社を半年ほど休む羽目になってしまいました。それでも会社はきちんと対応してくれて、とてもありがたかったです。ようやく復帰することができて、三菱商事に対してはあらためて、会社のために貢献しようと思いました。武田さんは、中学から10年間同窓で、日本航空時代は会社が近かったので頻繁に会っていた仲です。

　この病気を経験して、政治家を目指すことは諦めました。誤解のないようにお話ししますと、政治が嫌いという事ではなく、むしろ政治には強い興味はもっており、我が国の政治的課題、外交に於ける問題点、経済政策の方向性や合否についてはある意味では人一倍の興味があり、ビジネスの世界でも会社を経営する環境のベースとなる大切な与件と考えています。スケールは違うかもしれませんが、会社を経営するのも、一国の運営の舵取りを行ってゆくのも共通した相通じるものはあると思います。ただ政治家は選挙に勝つ事は必要条件であり、選挙に落ちればただの人とよく言われます。父が3回目の選挙で、当選確実の知らせをもらいながら、結局落選しました。後日、松永隆秘書から「先生は、死ぬのではないか？」と思うほど父が落胆していた様子を聞いて、選挙の厳しさを実感しました。私は何度も父の選挙を手伝いましたが、そのたびにストレスをためて体調を崩していました。選挙が嫌なら政治家なんか勤まるはずがない。そんな葛藤が続きました。どんな仕事でもそうですが、特に政治家は精神的にタフでなければなりません。自分には向いていない、興味のあるビジネスの世界に進もうと決めました。

晋三のように、好きなことであれば、どんなにハードな状態でも、からだはついていけるでしょう。気持ちを奮い立たせて、困難なことも乗り越えられるはずです。しかし、それでも病魔には人間は敵いません。

おそらく弟の「潰瘍性大腸炎」も、ステロイドを打てば、そのときは症状が治まるけれど、副作用が強いので、ずっと続けているとからだがボロボロになってしまいます。ステロイドを使わないで症状を抑える薬が開発されて、それでこの8年ほどはなんとか持たせることができましたが、今また効き目が悪くなってしまい、どうしようもなくなったということです。まさに断腸の思いだったことでしょう。

晋三が、病気と闘いながらも、総理大臣という重責を担い続けたことには、「おつかれさま」という思いでいっぱいです。

結婚して家族をつくる

私は、昭和62（1987）年5月23日、牛尾治朗の長女・幸子と結婚しました。その2週間後の6月9日には、晋三が昭恵さんと結婚、その後地元の山口で私と晋三の合同披露宴があり、8月には祖父が7日に死去しましたので、その年の夏は、特に母・洋子にとっては目のまわるような忙しさだったと思います。昭恵さんは、当時森永製菓の社長だった松崎昭雄さんの長女でしたし、牛尾さんも、「財界のニューリーダー」として注目される存在だったので、私たち兄弟の結婚は、閨閥づくりではないかと妙な勘繰りを入れられたこともありました。

牛尾さんが父・晋太郎と仲がよかったから、息子と娘を結婚させようということになったというマスメディアやネットの記事がありますが、それはまったく違います。まだ父が外務大臣になる前ですが、父と牛尾さんは、たまたま政治家と経済人という立場で、経済同友会の会合や政府主導の諮問会議などで、ちょくちょく顔を合わせるのでおたがいをよく知っていました。父の後援会のひとつ「総晋会」の会長を務めてもいたので、そのように誤解されることになったのかもしれませんが、父が牛尾さんに相談して、私の結婚相手を見つけてくれたわけではありません。幸子との縁を結んでくれたのは、すでに他界してしまいましたが、私のよき先輩、石田芳さんでした。もともと三菱電機にいた方で。それから自分で起業してソフト会社をつくり、経営コンサルタントなどしていました。

結婚式の仲人は、ソニーの盛田昭夫夫妻です。息子の昌夫さんをとおしてお願いしました。昌夫さんとは、昔からの知り合いで、ソニーカナダの副社長として赴任してきたときも私と同じマンションで同じフロアでした。一緒にバーベキューしたり、ゴルフにも行ったりして、今でも親しくしています。

平成2（1990）年に長男、平成4（1992）年に長女が生まれ、4人家族となりました。国内では、南は沖縄でスキューバダイビングを体験し、北は北海道知床でトレッキングを楽しんだりしています。

ふたりとも、子どものころに5年間イギリスでの生活を経験したので、英語には不自由せず育つことができました。それぞれ、自分の好きな道を歩んでいますが、グローバルに仕事をしていくうえでも、子どものころに、ネイティブのような環境で英語を身に付けられたことはよかったと思います。英語を勉強する時間と労力を、国語や歴史、数学などほかの勉強に費やせたわけですから。

イギリスでは、子どもたちを、日本人学校ではなく、現地のインターナショナル・スクールに通わせました。当初は私も、早く慣れるように家でも英語を話そうと思っていたのですが、先生が、「家では日本語で話してください。英語は我々がきちんと教えますから」といってくれたのです。それで安心して、子どもたちとは日本語でやり取りをし、英語以外の勉強もしっかりさせることができました。

私が思うに、日本人は英語を一生懸命身に付けようとしますが、英語が上手に話せるだけでは意味がない。英語で世界中の人とコミュニケーションを取りたいと思うなら、まずは母国語である日本語をしっかりと身に付けるべきです。どんなに流暢に英語を話せても、満足に日本語を話すことのできない人の言葉は伝わらない。自分の考えをしっかりと日本語で表現できる人は、たとえ拙い英語でも、人を動かすことができるのです。海外生活を経験したからこそ、私はそれを痛感しました。

日本語には、細やかな機微を繊細に表現する美しい言葉がたくさんあり、世界でも稀な表現の豊かさがあります。せっかく日本人に生まれたのですから、日本語をまずはしっかり勉強してから、英語を身に付けるべきだと私は考えます。

それを踏まえたうえで、やはりグローバルに仕事をしていくためには、英語は重要なツールです。私の会社でも、ひとつの物差しとして、社員には全員、ＴＯＥＩＣを受けさせています。成績が悪いことを責めることはしないですが、試験を受け続けることで進歩してもらいたいし、励みにしてもらえればと考えています。

海外での思い出

私がイギリス駐在中には、ヨーロッパ諸国を家族でめぐりました。もっとも印象に残っているのは、２００３年のクリスマスに、真冬のオーロラを見に行ったフィンランド旅行です。首都ヘルシンキから約８３０キロ、すぐ先は北極圏というラップランドのロヴァニエミという町は、サンタクロースの故郷。夜、宿泊したホテルで、世界中からやって来たほかの宿泊客たちとともに、ディナーを食べていると、サンタクロースが、本物のトナカイのそりに乗って現れたのです。いろいろな国の子どもたちの名前を一人ひとり呼んでくれる粋な計らいです。まだ小学生だった息子も娘も、「本当にサンタクロースはいるんだ！」と大興奮していました。マイナス30度の鼻息すら凍るような厳しい寒さのなかで、ラッキーなことにオーロラを見られたことともに、私たち家族の素晴らしい思い出です。

ロンドンの生活では、テニスのウィンブルドン大会やゴルフの大会など、スポーツもより身近に楽しむことができました。ウィンブルドンのセンターコートなど、街中にいきなりあって、試合も間近に見られるので驚きました。はじまった当初は青々と美しいコートの芝生が、大会が進むにつれてどんどん踏み付けられていき、決勝戦になるころにはボロボロになっている。そんな様子までよく見えました。

イギリス発祥のスポーツは、テニスやゴルフのほかにもたくさんあります。ラグビーやサッカー、クリケット、競馬もそうですね。スポーツが身近な国だと思います。ところがおもしろいもので、野球に関してはまったく人気がない。子どもとキャッチボールをしようと、イギリスで有名なスポーツ用品店に野球道具を買いに行ったのですが、グローブも野球の球も売っていないのです。ようやくバットを見つけたと思ったら、クリケット用でした。ベースボールのべの字もないありさま。イギリス人はクリケットが大好きで、みなワインやサンドウィッチを持ってピクニック気分で見にいくのです。ここはイギリスなんだとしみじみ思いました。

海外駐在では本当にさまざまな経験ができましたが、どれも私の、そして家族の人生を何倍も豊かにしてくれたと思います。

宮中で記帳をして震えた

安倍家の長男として生まれ、一時は安倍晋太郎の後継者に、という期待を受けながらも政治家の道は選ばなかった私です。佐藤家と岸家、そして安倍家一族は、総理大臣や外務大臣などを数人出している家ですから、どうしても、政治家となった弟の晋三が、安倍家を継いだような見られ方をしてしまいます。じつは学界、官界、実業界に身を置いている者たちのほうがずっと多いのですが、やはり、政治家は目立ってしまうのです。それでも母は、私を安倍家の長男として扱い、私も長男としての自覚を持って生きてきたつもりです。

父・晋太郎との思い出話になりますが、父と農林大臣などを務められた中川一郎先生とは親友であり良きライバルでもありました。

私たちの若い頃も異業種交流会が盛んで、まだ銀行員だった昭一さんが誘ってくれて、東急の五島哲さん（元東急電鉄会長・五島昇さんの長男）などもご一緒に勉強会に参加したりして交際範囲も一挙に広がりました。瀬島龍三さん（元伊藤忠商事会長）、盛田昭夫さん（元ソニー会長）、稲盛和夫さん（京セラ創業者）、真藤恒さん（元NTT初代会長）などそうそうたる方々に経営や日本の将来について講話していただき、そのあと私たちの懇親会もありました。

一度は私が祖父・信介の話を聞く会を御殿場で開いたこともありました。祖父のこれまでの経験談に始まり「世界の人口問題」や「長生きの秘訣」など話はいろいろな話題に及びました。

そこに参加してくれた大平明さん（元大正製薬副会長で大平元総理のご子息）、大林剛郎さん（大林組会長）、鈴木俊一さん（衆議院議員）など皆さんとは今でも親しくさせていただいています。

父のおかげで。幅広い人脈を築くことができたように思います。

中川昭一さんは、中川一郎先生が突然に亡くなられたので、日本興業銀行を辞めて跡を継ぎ政治家になる決断をしました。親友が初めての選挙に出ることになり、急遽「中川君を応援する会」を作ったのです。父・晋太郎のメッセージをテープにとり帯広に応援に。見事当選して政治家になりました。昭一さんは父を信望していました。若手のエースとして農林水産大臣、経済産業大臣、などを歴任されました。父が亡くなったときに、弟・晋三が選挙に出馬するときは応援もしてくれました。昭一さんの急死の知らせを聞いて、弟とすぐに駆け付けたのです。

平成3（1991）年5月、父・晋太郎が亡くなったときは、私はカナダに赴任中だったので、死に目には間に合わず、知らせを受けて飛んで帰りました。

芝の増上寺で行われた葬儀で、私は、安倍家の長男として喪主を務めることになります。当時何人かいた秘書のひとりから、「あいさつはこれを読んでください」といきなり原稿を手渡され、最初は「えっ」と慌てました。私のなかでは、成田空港から家に向かう車のなかで、自分の言葉に直しながら、必死に覚えていきました。あいさつは読み上げるものではない、しっかり自分の言葉としてみなさんに伝えたい、という思いがあったのです。実際、政界の重鎮が大勢列席しているなかで緊張もしたと思いますが、無我夢中でした。あとから、小島洋二さんに「寛信さんのあいさつはとても素晴らしかった」といっていただいたと聞いて、ほっとしました。

葬儀を終えて落ち着く間もなく、宮中に、お供え物をいただいたことに対する、お礼の記帳をしに参内しました。母としても、その役目は喪主である私が担うべきだという考えだったのです。記帳においては、自分の名前だけでなく、「供物を賜り、感謝申し上げます…」といった内容のきちんとした文章を書く必要がありました。はじめての経験ですし、前の晩、必死になって練習したのを覚えています。当日は、みなさんが見守るなか、墨を磨り、毛筆で1筆1筆なんとか認めましたが、ピーンと張り詰めた空気が厳かで、筆が紙をこする音までも聞こえてしまうほどの静けさに、緊張はピークに達しました。あれほど手が震えたことは、後にも先にもありません。今までの人生のなかで、もっとも大きなプレッシャーを感じた日だったと思います。

そのとき私はあらためて、安倍家に、父・晋太郎と母・洋子の子として、安倍寛や岸信介ら祖先の血を受けて生まれてきたことに誇りを感じました。そして、長男として、安倍家をしっかり支えていかなければいけないという自覚を持ちました。

これからも、私にできることを精一杯務めていきたい、そして、安倍家の長男として、またひとりの人間として、悔いのない人生を送りたいと決意を新たにしているところです。

参考文献

本作では、以下の書籍や資料を執筆の参考としました。（刊行順）。
「昭和の清風　安倍寛先生の思い出」山田義雄　1958年3月20日
「安倍宗任」　安川浄生（みどりや佛壇店出版部）1983年6月20日
「いざや承け継がなん」木立眞行（行政研究所）1986年5月14日
「わたしの安倍晋太郎」安倍洋子（ネスコ）1992年4月1日
「安倍晋太郎　輝かしき政治生涯」（安倍晋太郎伝記編集委員会）1993年4月
「岸信介ー権勢の政治家ー」原 彬久（岩波書店）1995年1月20日
「岸信介証言録」原 彬久（毎日新聞社）2003年4月20日
「気骨」野上忠興（講談社）2004年4月1日
「安倍晋三の敬愛する祖父 岸信介」宮崎学、近代の真相研究会（同時代社）2006年9月1日
「絢爛たる醜聞 岸信介伝」工藤 美代子（幻冬舎）2012年9月12日
「昭和の妖怪 岸信介」岩見 隆夫（中央公論新社）2012年11月22日文庫
「新しい国へ」安倍晋三（文藝春秋）2013年1月20日新書
「安倍晋三と岸信介」大下 英治（角川マガジンズ）2013年5月10日新書版
「叛骨の宰相　岸信介」北 康利（KADOKAWA）2014年1月21日
「岸信介の回想」岸信介、伊藤隆、矢吹一夫（文藝春秋）2014年10月20日
「安倍晋三　沈黙の仮面」野上忠興（小学館）2015年11月12日
岸信介 最後の回想：その生涯と60 年安保」加瀬 英明、加地 悦子（勉誠出版）2016年7月22日
「安倍晋三の真実」谷口 智彦（悟空出版）2018年7月30日
「安倍三代」青木理（朝日新聞出版）2019年4月30日
新聞名
「この日を目指して　戦ひの火蓋は切らる」（大阪朝日新聞附録山口朝日1928年1月28日土曜日）
「第20回衆議院議員總選擧當選者（讀賣新聞1937年5月5日號外）
「大東亜戦時の翼賛議会議員一覧（讀賣新聞1942年5月3日朝刊）「岸首相一家の団らん」（讀賣新聞1957年5月16日木曜日朝刊）
「岸さん、童心にかえる」（讀賣新聞1958年6月22日日曜日朝刊）
「岸さん泊まり込み」（讀賣新聞1960年6月19日日曜日朝刊）
「アラシの祝賀会」（讀賣新聞1960年7月14日木曜日夕刊）
「日曜デスク　傷心の親衛隊長」（讀賣新聞1960年7月17日日曜日朝刊）
「人脈　ニューリーダー　安倍晋太郎」（毎日新聞1986年1月7日夕刊～4月1日付夕刊）
「新編戦後政治　女性たちが語る　安倍洋子編10～13」（毎日新聞1994年6月5日から6月26日）
「船出　安倍政権　上」（読売新聞2006年9月27日）
「時流／源流　安倍寛」（読売新聞2007年8月31日）
「70年目の首相　系譜—9」（朝日新聞2015年6月4日）
雑誌・会誌
「安倍家系譜」（1987年5月　発行人　久保宇芽子）
「父・岸信介と夫・安倍晋太郎」安倍洋子1991年12月『文藝春秋』
「息子・安倍晋三」安倍洋子1991年12月『文藝春秋』
「息子・安倍晋三　自民党幹事長の娘、妻、そして母として」安倍洋子（2003年11月『文藝春秋』）
「安倍一族反骨の系譜—「前九年」の貞任から晋三に続く士魂の脈動」古川薫（『月刊自由民主』2006年11月）
「弟が語る『宰相の素顔』」岸信夫（『月刊自由民主』2006年11月）
復活、安倍晋三がつくる「美しい日本」（『正論』2012年9月産経新聞社）
「成蹊人」安倍晋三インタビュー（成蹊学園広報 Vol. 91）
「成蹊会誌」働く成蹊人 安倍寛信 (成蹊会 No. 124)
「成蹊会誌」(成蹊会 No. 132)
「油谷町史」（油谷町史編纂委員会2000）
このほかにも書籍、郷土史、週刊誌、月刊誌などの記事を参考にしています。

作成協力
甘利圭那
大西正範
大村亨
谷岡亜希子
鶴見知也
藤沼裕司
矢本祥子
内閣府
読売新聞社
国立国会図書館
東京都立図書館
下関市教育委員会

家系図

2020年12月15日現在

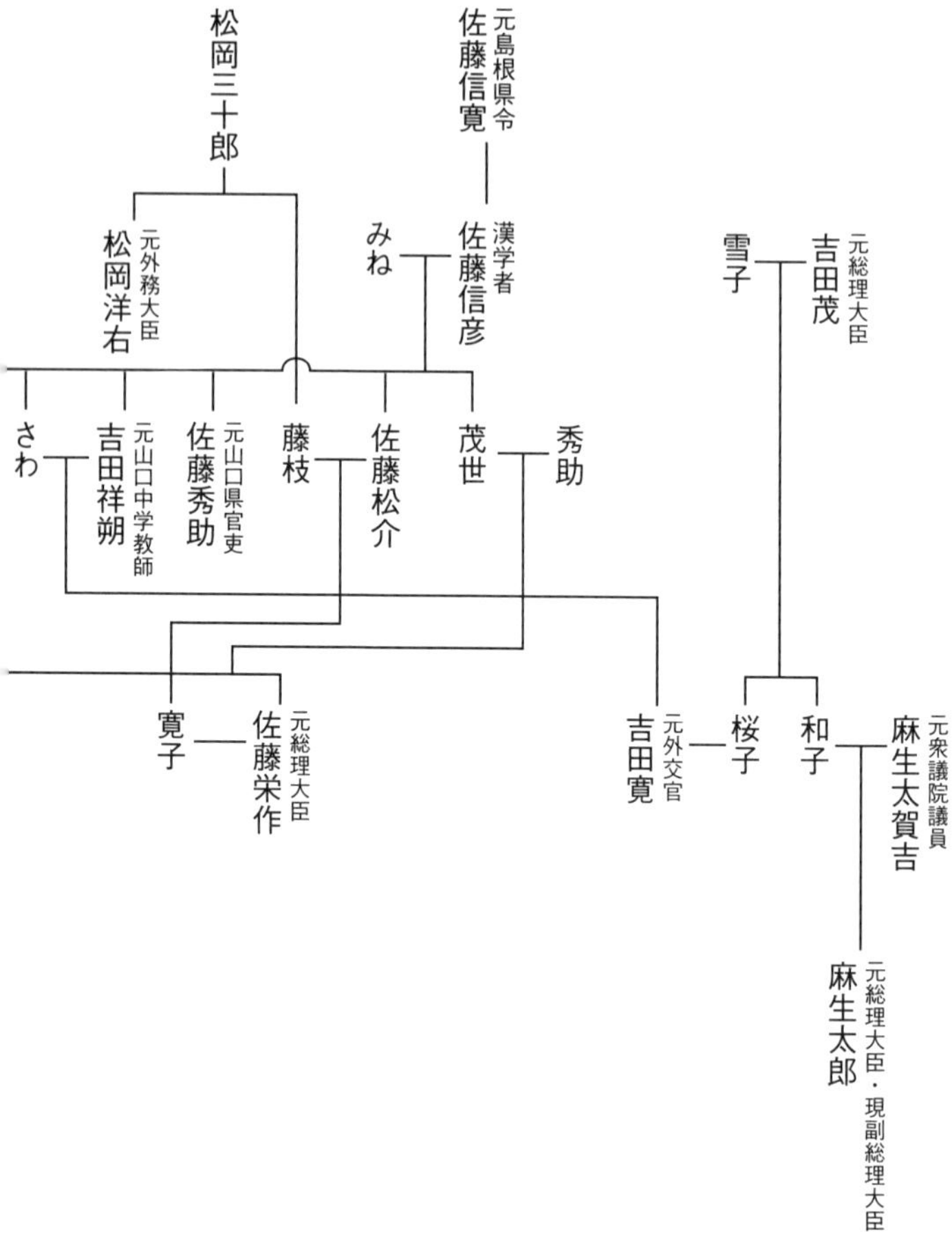

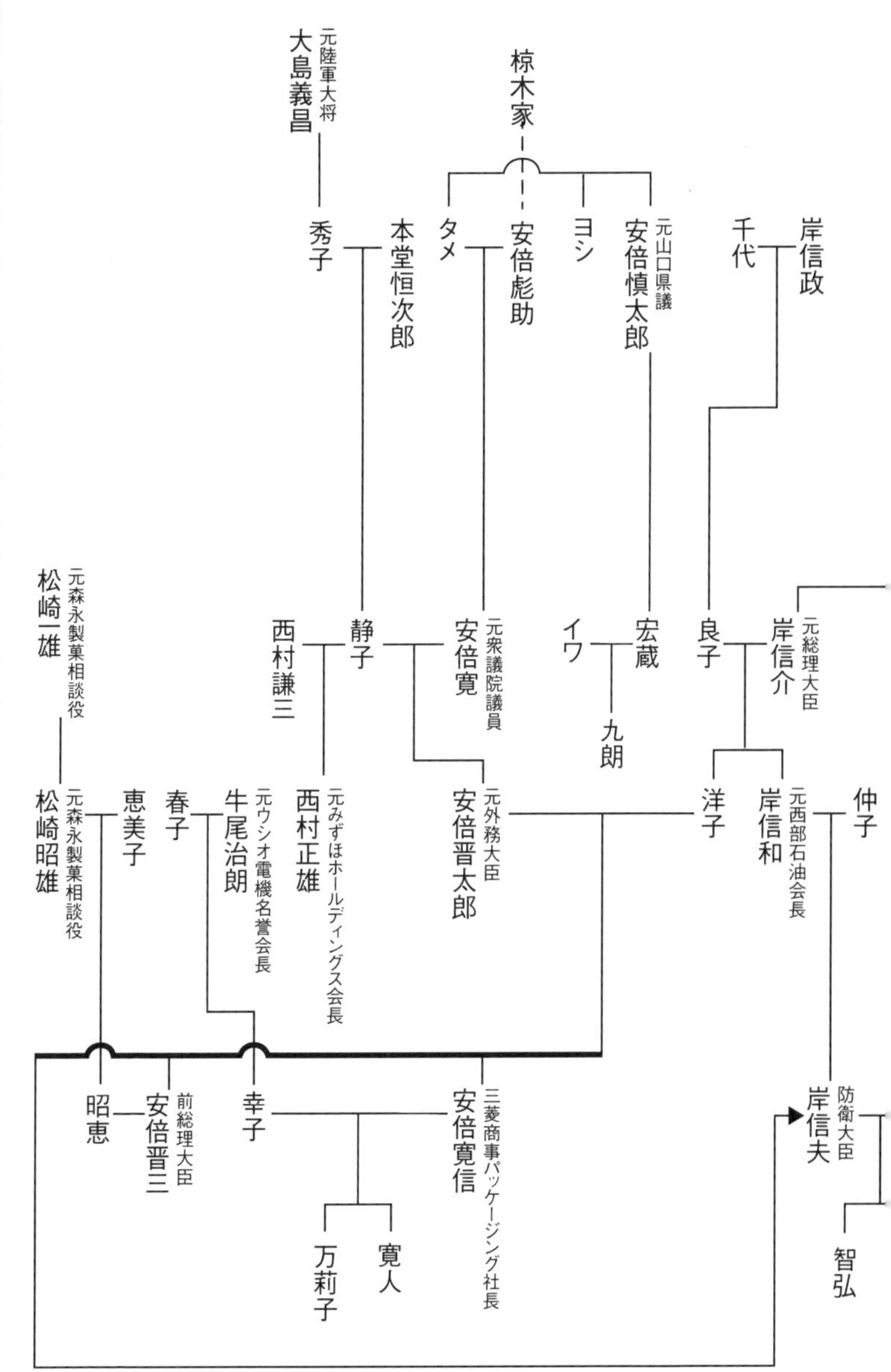
元陸軍大将
大島義昌
椋木家
タメ
安倍彪助
ヨシ
元山口県議
安倍慎太郎
千代
岸信政
秀子
本堂恒次郎
元森永製菓相談役
松崎一雄
西村謙三
静子
安倍寛
元衆議院議員
イワ
宏蔵
九朗
良子
岸信介
元総理大臣
元森永製菓相談役
松崎昭雄
恵美子
春子
牛尾治朗
元ウシオ電機名誉会長
西村正雄
元みずほホールディングス会長
安倍晋太郎
元外務大臣
洋子
岸信和
元西部石油会長
仲子
昭恵
安倍晋三
前総理大臣
幸子
安倍寛信
三菱商事パッケージング社長
万莉子
寛人
岸信夫
防衛大臣
智弘

年表

年号	安倍家	岸家	おもな出来事
明治27年 1894 4月	安倍寛、29日、山口県大津郡日置村蔵小田（現・長門市油谷蔵小田）で生まれる。父・彪助、母・タメ		
明治27年 1894 8月			日清戦争勃発
明治28年 1895	安倍寛の父・彪助、死去		
明治29年 1896 11月		岸信介、13日、山口県吉敷郡山口町（現・山口市）で生まれる。本籍地は山口県熊毛郡田布施村	
明治29年 1896 4月			第1回オリンピックがアテネで開催
明治31年 1898	安倍寛の母・タメ、死去。寛は伯母・ヨシに育てられる		
明治34年 1904 2月			日露戦争勃発
明治44年 1911 12月			清で辛亥革命起きる
大正3年 1914 7月			第一次世界大戦勃発
大正6年 1917 12月			ロシア革命
大正8年 1919 11月		東京帝国大学に在学中に岸良子と結婚	
大正9年 1920 4月		岸信介、東京帝国大学法学部を卒業し農商務省に入る。（1925　農林省と商工省に分かれる）	

大正9年　1920　2月			第1回箱根駅伝
大正10年　1921	安倍寛、東京帝国大学政治学科卒業。三平商会設立		
大正10年　1921	安倍寛、本堂静子と結婚		
大正12年　1923　9月			関東大震災起こる
大正13年　1924　4月	安倍晋太郎、東京・四谷で生まれる。父・寛、母・静子。偶然にも父と同じ誕生日。		
昭和3年　1928　1月	安倍寛、第1回普通選挙に山口県1区から出馬。落選		
昭和3年　1928　6月			4日、奉天事件で張作霖が爆死
昭和3年　1928　6月		岸洋子、14日、東京・中野で生まれる	
昭和7年　1932　5月			5・15事件
昭和8年　1933	安倍寛、山口県大津郡日置村村長に就任		
昭和10年　1935	安倍寛、県会議員選挙に当選。村長兼務		
昭和11年　1936　2月			2・26事件
昭和11年　1936		岸信介、満州国政府実業部次長として赴任、のちに総務庁次長	
昭和12年　1937　4月	安倍寛、第20回衆議院議員総選挙に出馬。初当選を果たす		
昭和12年　1937　7月			日中戦争勃発
昭和13年　1938　4月			国家総動員法公布
昭和15年　1940		岸信介、帰国、商工次官となる	

年号	安倍家	岸家	おもな出来事
昭和15年 1940 9月			日独伊三国同盟成立
昭和15年 1940 10月			大政翼賛会発足
昭和16年 1941 10月		岸信介、東條内閣の商工大臣となる	
昭和16年 1941 12月			太平洋戦争開戦
昭和17年 1942 4月	安倍寛、第21回衆議院議員総選挙、いわゆる、翼賛選挙に翼賛会非推薦で出馬。当選を果たす		
昭和17年 1942 4月		岸信介、翼賛選挙に出馬、初当選を果たす	
昭和18年 1943 4月	晋太郎、第六高等学校（岡山市）に入学		
昭和18年 1943 10月		岸信介、東條内閣の国務大臣兼軍需次官就任	
昭和19年 1944	晋太郎、第六高等学校を1年半で繰上げ卒業。東京帝国大学法学部に進学。同時に予備学生として海軍滋賀航空隊に入隊		
昭和19年 1944 7月			東條内閣総辞職
昭和20年 1945 8月			ポツダム宣言受諾、終戦
昭和20年 1945 9月		岸信介、A級戦犯容疑犯罪人容疑で逮捕	
昭和21年 1946 1月	安倍寛、30日死去。51歳		
昭和21年 1946 4月		起訴状発表。岸信介、起訴されず	

昭和21年 1946 11月			日本国憲法発布
昭和23年 1948 12月		岸信介、巣鴨拘置所から釈放される。公職追放	
昭和24年 1949 4月	晋太郎、東京大学卒業、毎日新聞社に入社。社会部から政治部へ		
昭和25年 1950 6月			朝鮮戦争勃発
昭和26年 1951 5月	晋太郎、5日、岸洋子と結婚		
昭和26年 1951 9月			サンフランシスコ講和条約
昭和27年 1952		岸信介、公職追放解除	
昭和27年 1952 5月	寛信、30日、東京で生まれる		
昭和29年 1954 9月	晋三、21日、東京で生まれる		
昭和29年 1954 3月			第五福竜丸がアメリカの水爆実験で「死の灰」を浴びる
昭和29年 1954 11月		岸信介、日本民主党結成。幹事長に	
昭和29年 1954 11月			映画「ゴジラ」第1作公開
昭和30年 1955 11月			自由民主党結成
昭和30年 1955 11月		岸信介、自由民主党初代幹事長となる	
昭和31年 1956 12月		岸信介、石橋内閣の外務大臣となる	
昭和31年 1956 12月	晋太郎、毎日新聞社を退社。岸信介の外務秘書官となる		
昭和32年 1957 2月		岸信介、内閣総理大臣に就任	

年号	安倍家	岸家	おもな出来事
昭和32年 1957 2月	晋太郎、総理大臣秘書官となる		
昭和33年 1958 5月	晋太郎、衆院選山口1区より初出馬。当選する		
昭和34年 1959 4月	信夫、1日、安倍家の三男として生まれる	岸信夫、岸家に養子に入る。養父・信和、養母・仲子	
昭和34年 1959 4月	寛信、成蹊小学校に入学。以後、中学、高校、大学と一貫して成蹊に通う		
昭和34年 1959 9月			伊勢湾台風上陸。死者5041名
昭和35年 1960 7月		岸内閣、15日、総辞職	
昭和36年 1961 4月	晋三、成蹊小学校に入学。兄同様、以後、大学まで成蹊に通う		
昭和38年 1963 10月	晋太郎、3回目の衆院選で落選		
昭和39年 1964 11月			東京オリンピック開催
昭和39年 1964			佐藤栄作、内閣総理大臣へ
昭和41年 1966			日本の総人口が1億人を超える
昭和42年 1967 1月	晋太郎、衆院選で返り咲きを果たす		
昭和44年 1969 7月			アポロ11号月面着陸に成功
昭和45年 1970 3月			大阪万博開催
昭和46年 1971 4月	寛信、成蹊大学経済学部入学		

昭和47年 1972 7月			佐藤内閣総辞職
昭和47年 1972 7月			パンダのカンカンとランランが来日
昭和48年 1973 4月	晋三、成蹊大学法学部入学		
昭和48年 1973			オイルショック
昭和49年 1974 12月	晋太郎、三木内閣の農林大臣に。初入閣		
昭和50年 1975 3月	寛信、3月、成蹊大学経済学部卒業		
昭和50年 1975 4月	寛信、三菱商事株式会社入社。国内では東京、広島、九州、海外はカナダ赴任、イギリス・ロンドン赴任		
昭和50年 1975 6月			佐藤栄作、3日、死去74歳
昭和51年 1976 4月			ロッキード事件で田中角栄逮捕
昭和52年 1977 3月	晋三、成蹊大学法学部卒業		
昭和52年 1977	晋三、アメリカ留学		
昭和52年 1977 11月	晋太郎、福田内閣の内閣官房長官に		
昭和52年 1977 9月			王貞治、ホームラン世界新の756号を放つ
昭和53年 1978 8月			日中平和友好条約調印
昭和54年 1979		岸信介、国会議員を引退	
昭和54年 1979 4月	晋三、帰国		
昭和54年 1979	晋三、神戸製鋼所に入社。ニューヨーク、加古川、東京で勤める		
昭和55年 1980		岸信介・妻、良子、死去79歳	大平総理、急死

年号	安倍家	岸家	おもな出来事
昭和56年 1981 3月		岸信夫、慶応義塾卒業	
昭和56年 1981 4月		岸信夫、住友商事株式会社に入社。アメリカ、ベトナム、オーストラリアで勤務	
昭和57年 1982 10月	晋太郎、自民党総裁選に出馬。第3位		
昭和57年 1982 11月	晋太郎、中曽根内閣の外務大臣に		
昭和57年 1982 11月	晋三、父の外務大臣秘書官に		
昭和57年 1982 2月			ホテル・ニュージャパン火災
昭和58年 1983 3月			NHK朝のテレビ小説「おしん」放送開始
昭和62年 1987 5月	寛信、23日、牛尾幸子（ウシオ電機会長・牛尾治朗長女）と結婚		
昭和62年 1987 6月	晋三、9日、松崎昭恵（森永製菓社長・松崎昭雄長女）と結婚		
昭和62年 1987 8月		岸信介、7日死去。90歳	
昭和62年 1987 10月	晋太郎、竹下登、宮沢喜一と総裁選を争うも、中曽根裁定で竹下に		
昭和62年 1987 10月	晋太郎、自民党幹事長に就任		
昭和62年 1987 4月			国鉄民営化、JR7社発足
平成2年 1990 10月			東証株価2万円割れ（バブル崩壊）

平成3年　1991　5月	晋太郎、15日死去。67歳		
平成3年　1991　7月	晋三、次期衆院選出馬を表明		
平成3年　1991　12月			ソビエト連邦崩壊、ゴルバチョフ大統領辞任
平成5年　1993　7月	晋三、衆院選山口1区出馬。初当選を果たす		
平成5年　1993　8月			細川連立政権発足、55年体制崩壊
平成6年　1994　6月			松本サリン事件発生
平成7年　1995　1月			阪神淡路大震災発生
平成11年　1999　1月			EUが単一通貨ユーロを導入
平成12年　2000　4月			小渕恵三総理、脳梗塞で倒れる
平成12年　2000　7月	晋三、第二次森内閣の内閣官房副長官となる		
平成13年　2001　9月			9・11アメリカ同時多発テロ
平成14年　2002　5月			日韓ワールドカップ
平成14年　2002　8月		岸信夫、住友商事株式会社退職	
平成14年　2002　9月			日朝首脳会談 これを機に5人の拉致被害者が帰国
平成15年　2003　9月	晋三、自民党幹事長に		
平成16年　2004　2月	寛信、三菱商事中国支社長		

年号	安倍家	岸家	おもな出来事
平成16年 2004 7月		岸信夫、参院選山口県選挙区で初当選	
平成17年 2005 9月			郵政解散選挙で自民党が記録的な大躍進
平成17年 2005 10月	晋三、第3次小泉改造内閣の内閣官房長官に		
平成18年 2006 9月	晋三、第90代総理大臣に（第1次安倍内閣）		
平成19年 2007 4月	寛信、執行役員就任、関西支社長（兼）中国支社長		
平成19年 2007 9月	晋三、総理大臣を辞任		福田内閣発足
平成20年 2008 8月		岸信夫、福田改造内閣で防衛大臣政務次官に	福田改造内閣総辞職
平成22年 2010	寛信、4月、執行役員九州支社長	岸信夫、参院選山口県区で再選	
平成23年 2011 3月			東日本大震災
平成23年 2011 7月			サッカー女子日本代表がW杯で優勝
平成23年 2011 12月			北朝鮮、金正日総書記が死去。金正恩が後任に
平成24年 2012 6月	寛信、三菱商事パッケージング株式会社代表取締役に		
平成24年 2012 9月	晋三、自民党総裁に		
平成24年 2012 12月		岸信夫、衆院選へ。山口2区当選	自民党、総選挙で大勝。政権復帰

平成24年　2012　12月	晋三、ふたたび総理大臣に		
平成25年　2013　9月		岸信夫、第二次安倍内閣外務副大臣	2020東京オリンピック・パラリンピック開催決定
平成26年　2014　12月		岸信夫、衆院選山口2区当選（2期目）	消費税5％から8％へ引き上げ
平成27年　2015　4月	晋三、アメリカ連邦議会で演説（池田勇人総理以来54年ぶり）		
平成27年　2015　9月			安全保障関連法が成立
平成28年　2016　5月	晋三、伊勢志摩サミットのホスト役をつとめる		
平成29年　2017　10月		岸信夫、衆院選山口2区当選（3期目）	
平成29年			米国、トランプ大統領就任
平成30年　2018　12月			TPP（環太平洋戦略的経済連携協定）大筋合意
令和元年　2019　10月			消費税、10％に引き上げ
令和元年　2019　11月	晋三、20日、首相通算在職日数2887日。歴代最長だった桂太郎の記録を抜く		
令和2年　2020　8月	晋三、24日、連続在職日数2799日。大叔父・佐藤栄作の記録を抜き歴代最長に		
令和2年　2020	晋三、28日、総理大臣辞任を発表		
令和2年　2020　9月		岸信夫、菅義偉内閣で防衛大臣に就任	菅内閣発足
令和2年　2020	晋三、東京オリンピック・パラリンピック大会組織委員会名誉最高顧問		
令和2年　2020　11月	晋三、五輪功労章		

あとがき

２０２０年は、新型コロナウイルスの蔓延により、東京オリンピックが延期になり、日本を含め世界中がすっかり様変わりした年となりました。日本でも、緊急事態宣言による外出自粛要請がなされ、国や県をまたいでの自由な往来や、人との交流がままならない期間もありました。仕事や生活の方法も変えていかざるを得ない状況下で、あらたな生活様式を模索する日々が続いていています。

多くの人がそうであったと思いますが、私も、仕事、生活、家族、これまでの自分の生き方、自分のなかに脈々と流れる血筋等々、さまざまなことを見つめ直す機会となりました。

私の家は、政治というものがつねに身近にあり、切っても切り離せないのは確かです。が、長男の立場であらためてごくふつうの家族の素顔を残しておきたいと思いました。

過去に取材を受けた雑誌や本などを読み返し、様々な文献、昔の写真を探していると、忘れていた記憶が蘇ってきました。母や岡嶋さん、弟の晋三や信夫にも話を聞いて、安倍家、岸家のことを遡ることで、安倍家に生まれた誇りのような気持ちも強く湧きました。

祖父といえば、岸信介がすぐ浮かびますが、この本では、早くに亡くなった私たち兄弟のもうひとりの祖父・安倍寛の話もあります。寛のひとり息子である父・晋太郎も他界している今、わからないことも多く、時間はかかりましたが、祖父がどんな人物だったのか、どのように安倍家に影響を及ぼしているのか、調べれば調べるほど、祖父の人となりに触れることができました。

祖父・寛のことを、弟たちも含め多くの方に知ってもらえれば幸いです。

本書を上梓するにあたり久保郁子さん、小島洋二氏、山田禎二氏、本田勝彦氏、永瀬祐見子さん、ほか大変多くの方々にご協力をいただきました。何度も富ヶ谷やオフィスへ足を運び、多くの資料を整理しまとめて下さったオデッセー出版取締役編集長瀬戸口修氏にあらためてこの場を借りて、心より感謝を申し上げます。

令和２（２０２０）年12月

安倍　寛信

安倍家の素顔
安倍家長男が語る家族の日常

2020年12月15日 第1印刷
2021年 2 月15日 第2印刷

著者：安倍　寛信
装幀：ICE
発行人：瀬戸口修
発行所：株式会社オデッセー出版
〒141-0031　東京都品川区西五反田 3-6-21　住友不動産西五反田ビル 1F
TEL 03-4426-6309
オデッセー出版のホームページ　http://www.ody-books.com/

販売：株式会社ワニブックス
〒150-8482　東京都渋谷区恵比寿 4-4-9 えびす大黒ビル
TEL 03-5449-2711
URL　http://www.wani.co.jp

印刷：製本所　株式会社シナノ

ISBN 978-4-8470-7015-0